帝釋天（12 世紀）

烏樞沙摩明王（穢跡金剛 • 13 世紀）

孔雀明王（12 世紀）

二十一度母的主尊　綠度母

十一面千手觀音（15－16 世紀）

金剛薩埵

藥師佛

釋迦牟尼佛（17 世紀）

消災增福本尊

本書介紹佛教中，特別具足消除災障、增長福德的佛菩薩本尊及其真言，以及相關的經典、法門，祈願幫助所有的修持者，皆能遠離一切天災、戰爭、火災、疾病等災障，並增長福德，趨吉避凶，不論生活、工作、事業、修行，皆能吉祥順利如意。

目錄

第3篇 消災增福的經典

出版緣起

佛法的深妙智慧，是人類生命中最閃亮的明燈，不只在我們困頓、苦難時，能撫慰我們的傷痛；更在我們幽暗、徘徊不決時，導引我們走向幸福、光明與喜樂。

佛法不只帶給我們心靈中最深層的安定穩實，更增長我們無盡的智慧，來覺悟生命的實相，達到究竟圓滿的正覺解脫。而在緊張忙碌、壓力漸大的現代世界中，讓我們的心靈，更加地寬柔、敦厚而有力，讓我們具有著無比溫柔的悲憫。

在進入二十一世紀的前夕，我們需要讓身心具有更雄渾廣大的力量，來接受未來的衝擊，並體受更多彩的人生。而面對如此快速遷化而多元無常的世間，我們也必須擁有十倍速乃至百倍速的決斷力及智慧，才能洞察實相。

同時在人際關係與界面的虛擬化與電子化過程當中，我們更必須擁有更廣大的心靈空間，來使我們的生命不被物質化、虛擬化、電子化。因此，在大步邁向新世紀之時，如何讓自己的心靈具有強大的覺性、自在寬坦，並擁有更深廣的慈悲能力，將是人類重要的課題。

生命是如此珍貴而難得，由於我們的存在，所以能夠具足喜樂、幸福，因自覺解脫而能離苦得樂，更能如同佛陀一般，擁有無上的智慧與慈悲。這種菩提種子的苗芽，是生命走向圓滿的原力，在邁入二十一世紀時，我們必須更加的充實。

因此，如何增長大眾無上菩提的原力，是〈全佛〉出版佛書的根本思惟。所以，我們一直擘畫最切合大眾及時代因緣的出版品，期盼讓所有人得到真正的菩提利益，以完成〈全佛〉（一切眾生圓滿成佛）的究竟心願。

《佛教小百科》就是在這樣的心願中，所規劃提出的一套叢書，我們希望透過這一套書，能讓大眾正確的理解佛法、歡喜佛法、修行佛法、圓滿佛法，讓所有的人透過正確的觀察體悟，使生命更加的光明幸福，並圓滿無上的菩提。

因此，《佛教小百科》是想要完成介紹佛法全貌的拼圖，透過系統性的分門別類，把一般人最有興趣、最重要的佛法課題，完整的編纂出來。我們希望讓《佛教小百科》成爲人手一冊的隨身參考書，正確而完整的描繪出佛法智慧的全相，並提煉出無上菩提的願景。

佛法的名相眾多，而意義又深微奧密。因此，佛法雖然擁有無盡的智慧寶藏，對人生深具啟發與妙用，但許多人往往困於佛教的名相與博大的系統，而難以受用其中的珍寶。

其實，所有對佛教有興趣的人，都時常碰到上述的這些問題，而我們在學佛的過程中，也不例外。因此，我們希望《佛教小百科》，不僅能幫助大眾了解佛法的名詞及要義，並且能夠隨讀隨用。

《佛教小百科》這一系列的書籍，期望能讓大眾輕鬆自在並有系統的掌握佛教的知識及要義。透過《佛教小百科》，我們如同掌握到進入佛法門徑鑰匙，得以一窺佛法廣大的深奧。

《佛教小百科》系列將導引大家，去了解佛菩薩的世界，探索佛菩薩的外相、內義，佛教曼荼羅的奧祕，佛菩薩的真言、手印、持物，佛教的法具、宇宙觀……等等，這一切與佛教相關的命題，都是我們依次編纂的主題。透過每一個主題，我們將宛如打開一個個窗口一般，可以探索佛教的真相及妙義。而這些重要、有趣的主題，將依次清楚、正確的編纂而出，讓大家能輕鬆的了解其意義。

在佛菩薩的智慧導引下，全佛編輯部將全心全力的編纂這一套《佛教小百科》系列叢書，讓這套叢書能成爲大家身邊最有效的佛教實用參考手册，幫助大家深入佛法的深層智慧，歡喜活用生命的寶藏。

消災增福本尊——序

無上的智慧與大悲所成就的廣大福德，是大乘佛法中，最重要的兩支輪軸，推動著佛法向前，幫助一切眾生圓滿無上菩提，成就佛果。

但是不管在人生的路途或修行道上，總是會有許許多多的障礙、災難，讓所有的人就像在探索生命歷程的探險路上，經歷種種的高山、深谷、冰原、大河等阻礙，更有種種的天災、人禍、猛獸、飢饉、疾病等災厄，那麼如何超越這些障難，來達到人生的顛峰，乃至成就無上的菩提，這是所有的人都想達成的目標。

要使人生幸福，需要有人間的福德資糧；要成就無上菩提，更要世間與出世間的菩提資糧。而人間由於共業及自己往昔由無明所導引的貪、瞋、癡而引發身、語、意所造的惡業，所引發的業力，時常隨著業果成熟，而現起作障，成爲人生中的災障，使我們受苦、受難，實在是因果宛然的現象。但是面對這些災厄、困難，我們是否只是無可奈何的接受，或是一面接受已經現起的事實，但絕不接受命運的操弄，而生起堅定的心意，創造出更圓滿的未來，這是熱愛人生，乃至進求無上菩提的人，所應思惟並力行的。

就佛法的觀點而言，因果是不變的事實，因此有因有緣必成果，而命運或宿命的觀點，根本就是違反因果，也絕非事實。

所以，我們可用三個層次來理解因果現象：

一、堅信因果：因果是宇宙、法界中客觀的真實，沒有因果律，一切萬法、現象的存在就沒有軌則，就不可能如理存在。因此，從實驗室的科學實驗到所有的宇宙人生，都是因果的實際存有現象。

二、接受現實：堅信因果者，對於已發生的事實，必能體悟，有因必有果，這是因果宛然所生的現象，因此能如理的接受任何的現實情形。

三、絕不認命：接受因果者，必不認命，未發生的事，只要因緣具足，必然還有機會改變。已發生的事，接受成爲事實的部分，但其他部分依然可待因緣的變化而改善。同時，在過去不可改變的情形，並不表示在未來依然沒有能力改變。因爲，我們改善因緣的能力，也隨著時空因緣的不同而轉變。如過去的絕症，不必然是現在或未來的絕症。現在認定已死的人，不必然在現在或未來不可搶救。因此，因緣就是因緣，因緣的條件不同了，果報也會隨之而轉動。

因此，生命中充滿了各種機會來讓我們成長、幸福，讓我們圓滿修證；且這些機會因緣，也隨著時空的變化而轉動。當然生命也可能會向下沈淪。然而，不論是增上、持平或是困厄，乃至沈淪這些就是佛法所宣說的無常現象的事實。

無常是我們積極行動的動力來源，也是一切有機會改善的因緣。所以，當我們遭遇到人生或修行中的障難、災難時，我們如何消災？如何增福？來增長自己的力量，突破困局，是體會無常、因果，想創造光明幸福的積極者所應思惟，更是大乘的菩薩行者必備的條件。處於災厄、困難而心不氣餒，並主動思惟如何創造更好的因緣條件，正是佛菩薩所要教導我們的，也正是佛菩薩們往昔生活的實景寫照。

因此，佛菩薩具有無邊的智慧、悲願與福德，能夠指引我們如何趨吉避兇，消災得福。更能在我們困於苦厄災障時，幫助、加持我們離苦得樂，吉祥順意。

要消災祈福，最重要的是從現在這一念開始，安住於善心，用慈悲、智慧的心來行事，用定力來安穩自己的心靈。如此一來，必然後福無窮。但是由於往昔的業力或者我們無法時時刻刻安住在正念當中，還是會造成災障時，佛菩薩們的大悲願、大智慧、大福德，就是我們消災祈福的依怙。

在佛法中有許多佛菩薩的願力與修法，是特別著重在消災祈福的，這是由於因緣的關係。雖然一切佛菩薩都能幫助我們消災祈福，但是這一類消災祈福的本尊，在緣起上將會與我們的祈願更加相會，我們在修持時，也更加能夠得力、感應。

因此，本書中特別整理出具足消災祈福本願與修法因緣的佛菩薩，讓大家有所依止、祈請、修持，讓人生與修行的路上，更加的安穩、吉祥，遠離所有的災障，圓滿一切的心願。

在密教中，息災法是四大法門之一，是最重要的一部大法。息災法（梵名sāntika），是消滅天災、戰禍、火災、饑饉、疾病等災厄，乃至從無始以來的煩惱罪障，所行的修法。在《七俱胝佛母所說准提陀羅尼經》中說：「扇底迦法者，求滅罪、轉障、除災害，囚閉枷鎖，疫病國難，水旱不調，蟲損苗稼，五星凌逼本命，悉皆除滅煩惱解脫，是名息災法。」

因此我們可以了解，息災法門，可以除滅從外在世界的災障，如地、水、火、風、空難及人爲災難等，到自我身、心的災障，乃至修行無上菩提的煩惱災障等，能讓我們在世間與出世間中都得光明、圓滿，成就無上的福德而成證佛果。

所以，祈願本書能幫助大眾，在消災祈福本尊及法門的加持下，得到吉祥幸福的人生，並且能夠無災無難直到圓滿成佛。

第1篇

總論

第一章 離苦得樂的智慧

佛法是讓生命離苦得樂的方法，諸佛菩薩們用無私無我的慈悲心，關懷著我們、護念著我們、教化著我們，無非是期望我們能與他們一般，具有完美的慈悲與智慧，能得到永遠不再受諸苦難的廣大喜樂。

幸福快樂不僅是一種外在的條件與形式，更重要的是內在的心念與能力，如何擁有完整的幸福能力，讓生命充滿光明，並能圓滿自在的生活，是佛法中最重要的主題，也是諸佛菩薩所關切的事。

因爲佛法的修行，是希望我們在現世中得到離苦得樂的力量，來證得最究竟的解脫圓滿，而不是留待未來或只單單寄望於來世。

要讓我們的生命離苦得樂，就必須深刻的理解苦的原由與離苦的方法。佛教的智慧能使生命遠離痛苦、煩惱，因此對生命的各種苦迫現象、生成的原因及離苦的方法，可以說是解析最深切、體悟最清楚，並提供對治各種災難、苦惱的最佳法門。

苦（梵名 duḥkha），是指身心的苦惱感受。在現實生活當中，對苦的感受，是釋迦牟尼佛修行的原始動機。所以在佛教的根本教法中，有苦、集、滅、道等四聖諦，苦諦正是其中之一。而如何將「苦」除滅，以趨向解脫，則是佛法的基本目標。

任何生命的苦痛，都有生成的原因，知道苦痛的原因之後，才能用適當的方法，加以防制、滅除。引發痛苦的感受，一般可分爲生理上的身苦與精神上的心苦。身苦是生理上不適意所引發的苦受，如飢、凍、疲勞、疾病等。而心苦則屬於精神上的忿怒、哀傷、恐懼、憂愁等。

要除去痛苦，基本上可採行兩種方向：一、增強自己的力量，以增長承受痛苦的能力。如果我們的身心能力增強，過去的痛苦，在現在對我們而言，可能根本不會產生任何影響，如此一來我們的身心就具有更多的快樂空間。

二、除滅苦痛的根源。當我們了悟痛苦的原因之後，能夠根除導致痛苦的因素，那麼痛苦就不再發生了。

當然，這些能力都需要智慧的調鍊，而圓滿具足智慧後，就不再會有痛苦與煩惱的產生。因此，在佛法中，智慧是用來對治痛苦、煩惱的，正如《心經》中所說：「觀自在菩薩行深般若波羅蜜多時，照見五蘊皆空，度一切苦厄。」即是此義。

佛法的本質，既然是讓我們離苦得樂，因此消除身心的災患，並增長眾生的福慧，就諸佛菩薩的本誓願力。所以，我們如果能夠虔敬皈依諸佛菩薩，學習他們的慈悲與智慧，修學他們的消災增福法門，在他們的護佑之下，自然能夠使我們的人生，遠離各種災難、痛苦，增長福德智慧，廣納吉祥，最終成證圓滿的解脫。

就廣義而言，所有的佛菩薩由於具有無邊的智慧、悲願與福德，因此都能夠幫助我們消災增福、離苦得樂，並最終成證無上的菩提。但是，由於有些佛菩薩的願力、因緣與修法，在導引眾生修行無上菩提的過程中，特別彰顯出消災、增福的傾向，而受到大眾所仰信。這一類的佛菩薩，由於在世間的緣起上與大眾的願望與祈求特別的相應，因此在消災、增福的因緣中，也特別具有強大的力量與感通。

所以，在本書中即選擇了具有這類本願特質、因緣、特德的佛菩薩，作爲消災、增福的主要本尊。

這就如同在《藥師經》中所述，藥師佛的第十大願：「願我來世得菩提時，若諸有情，王法所錄，縲縛鞭撻、繫閉牢獄，或當刑戮，及餘無量災難凌辱，悲愁煎迫，身心受苦；若聞我名，以我福德威神力故，皆得解脫一切憂苦。」

這些佛菩薩因爲本誓願力的緣故，能爲眾生滅除天災、戰禍、災難、罪業等，而最終是希望幫助眾生獲得究竟的安樂，證得無上的菩提。

第二章 息除災障的法門

除了顯教中的這些消災增福的本尊外，在密教當中對於此類消災增福特質的諸本尊，更形成具系統化的整理，並因此而發展出息災法門。

息災法門（梵名śāntika），是密教的四種修法之一，包括了息災、增益、敬愛與降伏。在藏密中則略稱息、增、懷、誅等四法。在密法中胎藏界立佛部、金剛部與蓮華部等三部，而金剛界則立佛部、金剛部、蓮華部、寶部與羯摩部等五部，來涵攝諸尊法門，而這四種法門即涵攝金、胎兩部的修法。

息災法的梵名音譯爲扇底迦，意譯爲寂災法、寂靜法、除災法等，是止息各種災害苦難、滅除無始煩惱罪業的方法，因此息災法不只是消滅種種的天災、戰禍、火災、饑饉、疾病、橫難等災厄，更要滅除無始劫來，所生起的煩惱罪障。

在《七俱胝佛母所說准提陀羅尼經》中說：「扇底迦法者，求滅罪、轉障、除災害，鬼魅疾病，囚閉枷鎖，疫病國難，水旱不調，蟲損苗稼，五星凌逼本命，悉皆除滅煩惱解脫，是名息災法。」

息災法門所要息滅的，從外在世界的各種災害、身心的障難，乃至無明煩惱悉皆涵攝。因此息災法的修持，又有人將之分爲外修、中修與內修三種。

所謂外修，即是修持各種息災的法門，修至與各息災本尊的金剛願行相應，感應道交，依仗本尊的威力，息滅一切的災障。其實這與淨土法門中，至心稱念阿彌陀佛的聖號，能滅除八十億劫生死重罪的意義一樣，都是至心依止本尊的願力、威德，來滅除罪障的法門。

中修，是以觀想得證三摩地，去除雜染妄想，而後一念不生，法性全體現前，現悟一切災障原無自性，一切如幻無實，所有的災障也就不息而息了。這就如同《觀普賢行法經》中所說：「若欲懺悔者，端坐念實相。」之謂了。

內修，則是徹底破除我見執著，無我、無人、無眾生，亦無法界萬相，息滅一切煩惱習氣的種子，永斷災難的根源。究竟處不只無災難亦無災難盡，連災難的名稱也沒有，當然更不用息滅的法門了。

除此之外，在《准提陀羅尼經》中又說：「作此法時，著白衣面向北，交腳豎膝吉祥坐，觀本尊白色，供養飲食、菓子、香花、燈燭等，悉皆白色；從月一日至八日，日三時念誦，夜作護摩息災。真言曰：唵者禮主禮准泥扇底矩嚕娑嚩賀。」可見此法的修習以白色為尚，表清淨之義。

而密教的息、增、懷、誅四種法門，有時又稱為四種成就法、四種壇法或四種護摩法，也可做為火供護摩的修習。

在《秘藏記》中說：「一息災法，取白月，日月水木等曜及和善等宿，初夜時起首，行者面向北方箕坐，以右足踏左足上，即觀自身遍法界成白色圓壇。我身一法界，我口即爐口，我身一法界作毗盧遮那如來，我毛孔澍乳雨，遍法界無所不至，及放大智光消除我業煩惱，並燒滅某甲為某乙所作惡事，息地獄猛焰，飽滿餓鬼飢苦，除滅一切眾生業煩惱種種所作惡事，自他平等蒙法利，獲得大般涅槃。」

由此可知息災法的壇形為白色的圓壇，修行者向北方吉祥而坐，而北方在五行中屬水大之義。而此法的修習，是以大智光明來滅除一切惡業煩惱，能自他平等的蒙受法利，進而證得無上佛果的大般涅槃。因此，息法不只能使世間所有的災障消滅，更能成就無上菩提。

當然，由於緣起上的發展，在藏密中，水大在東方，因此在修法方位上，也受到傳承因緣的不同，而有所變化，這是修行者應當體解的。

此外，依據《檜尾記》所記載，息災法可分為四種：⑴滅罪息災法：如滅除四重、五逆等罪。⑵滅苦息災法：如滅除三途八難等苦。⑶除難息災法：如除七難等。⑷悉地息災法：如欲得上、中、下，世、出世間等悉地成就。

這個說法，完整的涵攝了所有世間及出世間的息災法門。

息災除障、增福增慧，讓我們無災無難，直至圓滿成佛，是每一個人心中的理想。因此，在本書中，將息災增福的本尊與法門，做全面性的介紹，希望能讓所有讀者都得到世、出世間的利益。

第2篇

消災增福本尊

第一章 佛部

釋迦牟尼佛

釋迦牟尼佛悲心特重，誓願於穢土成佛，濟度五濁惡世眾生。其法常為息災法所修，可除一切障難、治一切病痛，並護佑我們最終成就佛道。

【特德】

釋迦牟尼佛（梵名 Sākya-muni-buddha），又作釋迦文尼、奢迦夜牟尼、釋迦牟曩、釋迦文。略稱釋迦、牟尼、文尼。意譯作能仁、能忍、能寂、寂默、

釋迦牟尼佛

能滿、度沃焦，或稱爲釋迦寂靜。又稱釋迦牟尼世尊、釋尊。而《白寶口抄》中釋其名說：一切眾生惡業煩惱熾盛，日夜常恆無窮無盡，喻海水流入沃焦山無盡，故以眾生喻沃焦山，釋迦出世成道濟度眾生，故名「度沃焦」也。

釋迦牟尼佛爲此娑婆世界佛教教主，約在公元前五百餘年，出生於北印度的迦毗羅衛城。爲該城城主淨飯王的太子。姓喬答摩（Gautama），名悉達多（梵Siddhārtha）。於菩提樹下成道後，被尊稱爲「釋迦牟尼」，意思是「釋迦族的賢人」。其大悲心特重，故於往昔修菩薩道時，不取淨土而發願於穢土成佛。在許多經典中記載，童子誕生時，步行七步後，舉手說：「天上天下，唯我爲尊；三界皆苦，吾當安之。」

釋尊一生的弘法生涯，大約有四十餘年，最後在世壽八十歲時，於拘尸那羅入於涅槃。

關於釋迦牟尼法，在《白寶口抄》中說，釋迦牟尼佛法常爲息災法修之。《集經》也云：欲避一切障難，除一切鬼病，治一切病痛者，應作此法。

又云，又有法誦一切諸咒作此印者，一切諸佛菩薩賢聖並皆歡喜，身中所犯四重五逆、酒肉五辛、邪婬之罪並皆消滅。

又云，又有法咒一切食及果藥等，皆咒七遍，然後服之，一切無病。又云，若咒師、若王、若臣，欲得身無病痛者，依前法用燒一切香，一百八遍，並誦咒即差。若人被毒蛇所螫者，咒石榴枝一百八遍，以枝摩向身下，日日作者，蛇毒即差。另尚有去除鬼病、頭病、眼病、畜獸等病的修法。

《悲華經》中記載，有諸大菩薩各以偈讚釋迦牟尼佛，其中持力菩薩以偈讚道：「五濁惡世，多煩惱病，汝依菩提，發堅固願，爲諸眾生，斷煩惱根。」因此，我們可知釋尊除能息除眾生之災疾，更能以法葯療愈眾生的煩惱病苦。

而於《法華經》的修法中，增益法以多寶佛爲本尊，息災法則以釋迦牟尼佛爲本尊。

關於釋迦牟尼佛的尊形，於胎藏曼荼羅釋迦院中，爲身呈黃金色，著赤色袈裟，雙手當心結説法印，趺坐於蓮華之上。其密號爲寂靜金剛，三昧耶形爲鉢形，印相爲智吉祥印或鉢印。

而在《釋迦文尼佛金剛一乘修行儀軌法品》中，又有其曼荼羅畫法爲：「其中央畫釋迦牟曩像，金色之身，具四八相，被服袈裟，應身說法相。智手吉祥印，理手向上置智前，於白蓮花臺結跏趺坐。普賢、文殊、觀音、彌勒住於四隅，如胎藏說，各坐蓮花，半跏而居。於佛前有如來鉢，於佛右邊有賢瓶含花，於佛後有錫杖，於佛左邊有寶螺，各安蓮葉上，光炎圍繞。畫曼荼羅已，於空閒寂寞仙人得道所，或淨室、或舍利塔前、或山頂樹下，在一處安置曼荼羅。」

⊙釋迦牟尼佛的種子字、真言

種子字：（bhaḥ）

【真言】

曩莫① 三滿多② 勃陀喃③ 縛④ 薩縛吃哩捨⑤ 涅素娜曩⑥ 薩縛達磨⑦ 縛始多⑧ 鉢羅鉢多⑨ 誐誐曩⑩ 三摩三摩⑪ 娑縛賀⑫

①②③④⑤⑥⑦⑧⑨⑩⑪⑫

namaḥ① samanta② buddhānāṁ③ bhaḥ④ sarva-kleśa⑤ nirsudana⑥

sarva-dharma⑦ vaśitā⑧ prāpta⑨ gagana⑩ samāsamā⑪ svāhā⑫

歸命① 普遍② 諸佛③ 婆（種子）④ 一切煩惱⑤ 摧伏⑥ 一切法⑦ 自在⑧ 得⑨ 虛空⑩ 等同⑪ 成就⑫

藥師如來

藥師如來為大醫王，能拔濟有情現世種種的災病、罪障與苦惱，特別是消除眾生的病苦、疾疫，免除橫死等災難。

【特德】

藥師如來（梵名 Bhaisajya-guru Vaidurya-prabharajah），梵名音譯爲鞞殺社窶嚕，全名爲藥師琉璃光王如來，通稱爲藥師琉璃光如來，簡稱藥師佛。又因，藥師琉璃光如來的名號來源，是以能拔除生死之病而名爲藥師，能照度三有之黑闇故名「琉璃光」。所以，在中國，普遍依此尊本願中對消除眾生疾苦災難、及增延壽命的特別力用，而尊稱其爲「消災延壽藥師佛」。

藥師佛

藥師如來現在爲東方琉璃世界的教主，依《藥師如來本願經》所說，東方過娑婆世界十恆河沙佛土之外，有佛土名爲淨琉璃，其佛號爲藥師琉璃光如來。經中並說其佛國土中有日光與月光二大菩薩，爲彼土無量菩薩眾之上首，共同受持藥師如來的正法寶藏，輔助藥師佛化導眾生。

依佛典所載，藥師如來在過去世行菩薩道時，曾發十二大願（又稱十二上願），以濟度有情現世種種災疫苦惱。在《藥師琉璃光如來本願功德經》等相關經典中，皆載有此十二大願，這十二大願爲：

第一大願：願我來世得阿耨多羅三藐三菩提時，自身光明熾然，照曜無量無數無邊世界，以三十二大丈夫相、八十隨好，莊嚴其身，令一切有情如我無異。

第二大願：願我來世得菩提時，身如琉璃內外明徹，淨無瑕穢光明廣大，功德巍巍身善安住，焰網莊嚴過於日月，幽冥眾生悉蒙開曉，隨意所趣作諸事業。

第三大願：願我來世得菩提時，以無量無邊智慧方便，令諸有情皆得無盡所受用物，莫令眾生有所乏少。

第四大願：願我來世得菩提時，若諸有情行邪道者，悉令安住菩提道中；若行聲聞、獨覺乘者，皆以大乘而安立之。

第五大願：願我來世得菩提時，若有無量無邊有情於我法中修行梵行，一切皆令得不缺戒，具三聚戒；設有毀犯，聞我名已，還得清淨，不墮惡趣。

第六大願：願我來世得菩提時，若諸有情其身下劣、諸根不具、醜陋、頑愚、盲聾、瘖瘂、攣躄、背僂、白癩、癲狂種種病苦；聞我名已，一切皆得端正黠慧，諸根完具，無諸疾苦。

第七大願：願我來世得菩提時，若諸有情眾病逼切，無救、無歸、無醫、無藥、無親、無家，貧窮多苦；我之名號一經其耳，眾病悉得除，身心安樂，家屬資具悉皆豐足，乃至證得無上菩提。

第八大願：願我來世得菩提時，若有女人爲女百惡之所逼惱，極生厭離，願捨女身；聞我名已，一切皆得轉女成男，具丈夫相，乃至證得無上菩提。

第九大願：願我來世得菩提時，令諸有情出魔羂網，解脫一切外道纏縛；若墮種種惡見稠林，皆當引攝置於正見，漸令修習諸菩薩行，速證無上正等菩提。

第十大願：願我來世得菩提時，若諸有情王法所錄，縲縛鞭撻、繫閉牢獄，或當刑戮，及餘無量災難凌辱，悲愁煎迫，身心受苦；若聞我名，以我福德威神力故，皆得解脫一切憂苦。

第十一大願：願我來世得菩提時，若諸有情飢渴所惱，爲求食故造諸惡業；得聞我名，專念受持，我當先以上妙飲食飽足其身，後以法味畢竟安樂而建立之。

第十二大願：願我來世得菩提時，若諸有情貧無衣服，蚊虻、寒熱晝夜逼惱；若聞我名，專念受持，如其所好，即得種種上妙衣服，亦得一切寶莊嚴具，華鬘、塗香、鼓樂、眾伎，隨心所翫，皆令滿足。

藥師十二大願不只能與眾生究竟菩提，更貼切地照顧到眾生現世生活的需求與苦惱，期使眾生的災苦消除增長其福德，使眾生現世能得安樂。尤其是第七與第十大願，對眾生苦難的濟度更是直接、有力。

藥師佛對有情眾生種種苦厄的濟度，除了在十二大願中有明載之外，另於相關經軌中，也處處可見，如唐．一行就撰有《藥師瑠璃光如來消災除難念誦儀軌》，直顯藥師法消災除難的功能，而《藥師琉璃光如來本願功德經》中則記載：「若復有人忽得惡夢，見諸惡相或怪鳥來集，或於住處百怪出現；此人若以眾妙資具，恭敬供養彼世尊藥師琉璃光如來者，惡夢、惡相諸不吉祥皆悉隱沒，不能爲患。或有水、火、刀、毒、懸嶮、惡象、獅子、虎狼、熊羆、毒蛇、惡蠍、蜈蚣、蚰蜒、蚊虻等怖，若能至心憶念彼佛恭敬供養，一切怖畏皆得解脫。若他國侵擾、盜賊反亂，憶念恭敬彼如來者，亦皆解脫。」

又說，「若諸有情好憙乖離，更相鬥訟，惱亂自他，以身、語、意，造作增長種種惡業；展轉常爲不饒益事，互相謀害，告召山林、樹塚等神；殺諸眾生，取其血肉祭祀藥叉、羅剎婆等；書怨人名作其形像，以惡咒術而咒咀之，厭媚蠱道咒起屍鬼，令斷彼命及壞其身。是諸有情，若得聞此藥師琉璃光如來名號，彼諸惡事悉不能害；一切展轉皆起慈心，利益安樂，無損惱意及嫌恨心；各各歡悅，於自所受生於喜足，不相侵凌互爲饒益。」、「或有女人臨當產時受於極苦，若能至心稱名禮讚、恭敬供養彼如來者，眾苦皆除，所生之子身分具足。」

又說：「若刹帝利灌頂王等，災難起時，所謂人眾疾疫難、他國侵逼難、自界叛逆難、星宿變怪難、日月薄蝕難、非時風雨難、過時不雨難，彼刹帝利灌頂王等，爾時應於一切有情起慈悲心，赦諸繫閉，依前所說供養之法，供養彼世尊藥師琉璃光如來。由此善根，及彼如來本願力故，令其國界即得安隱，風雨順時穀稼成熟，一切有情無病歡樂；於其國中，無有暴虐藥叉等神惱有情者，一切惡相皆即隱沒；而刹帝利灌頂王等，壽命色力無病自在皆得增益。」

此外，《佛説灌頂拔除過罪生死得度經》中也提到：「此經能照諸天宮宅，若三災起時，中有天人發心念此瑠璃光佛本願功德經者，皆得離於彼處之難。是經能除水涸不調；是經能除他方逆賊悉令斷滅，四方夷狄各還正治不相嬈惱，國土交通，人民歡樂；是經能除穀貴飢凍；是經能滅惡星變怪；是經能除疫毒之病；是經能救三惡道苦：地獄、餓鬼、畜生等苦。若人得聞此經典者，無不解脫厄難者也。」

另外，以藥師佛爲本尊所修之懺罪法「藥師懺」，更是廣受行持，以爲懺罪消災之用。

⊙七佛藥師

藥師佛在經典裡有兩個系統，一個是藥師佛，另一個是七佛藥師。

這七佛有兩種說法，一種說法是以爲他們是各自一體的，各有各的願；另一種說法認爲，他們是藥師如來所化現的。然，不論那一種說法，七佛藥師爲使眾生離苦得樂，乃至成就無上菩提之廣大悲願，都是一樣的。

藥師七佛及其誓願、淨土，依經中記載如下：

(1)善稱名吉祥王如來

東方去此，過四殑伽河沙佛土，有世界名光勝，佛號善名稱吉祥王如來，發八大願。眾生如果有諸病苦、業障、險難、蟲獸侵擾、鬥諍言訟、海難等災橫，若能至心稱念其名，由是力故，皆得解脫，身心安樂乃至菩提。

(2)寶月智嚴光音自在王如來

東方去此，過五殑伽河沙佛土，有世界名妙寶，佛號寶月智嚴光音自在王如來，發八大願。若至心稱念其名，能滿足種種資生之具，解脫諸惡道之苦、消滅先世罪業，免除產難、旅途中的種種危險、賊侵，及除去惡鬼神的惱亂等種種憂苦、災險乃至菩提。

(3)金色寶光妙行成就如來

藥師七佛

東方去此，過六殑伽河沙佛土，有世界名圓滿香積，佛號金色寶光妙行成就如來，發四大願。若能至心稱彼佛名，能滅除種種惡業而得無病長壽、不遭橫死、衣食充足、慈心無諍、斷諸煩惱。

(4) 無憂最勝吉祥如來

東方去此，過七殑伽河沙佛土，有世界名無憂，佛號無憂最勝吉祥如來，發四大願。若能至心稱念彼名，能得長壽安隱、解脫地獄眾苦，生人天中隨意受樂、飲食充足、得善眷屬、不爲藥叉、諸惡鬼神所嬈亂。

(5) 法海雷音如來

東方去此，過八殑伽河沙佛土，有世界名法幢，佛號法海雷音如來，發四大願。若能至心稱彼佛名，則無明邪慧日夜消滅，業障消除，遇善知識，具足醫藥、飲食等資生之具，常行慈心、喜捨乃至菩提。

(6) 法海勝慧遊戲神通如來

東方去此，過九殑伽河沙佛土，有世界名善住寶海，佛號法海勝慧遊戲神通如來，發四大願。若能至心稱彼佛名，則資生之具不假營求，隨心滿足，常修眾善；成就十善道、不墮惡趣；解脫杻械枷鎖、鞭杖極刑等厄難；臨終正念現前，解脫眾難，受勝妙樂乃至菩提。

(7)藥師琉璃光如來

東方去此，過十殑伽河沙佛土，有世界名淨琉璃，佛號藥師琉璃，發十二大願（約同前述藥師佛十二大願）。

在《七佛本願功德經》中，如來爲哀愍眾生離諸苦難而宣說「如來定力琉璃光」神咒，並說若有男子女人書寫、讀誦、恭敬供養，於諸含識起大悲心，所有願求皆得滿足，諸佛現身而爲護念，離眾障惱當生佛國。

據經中載，此咒爲藥師七佛以一音聲所宣說：

但姪他　具謎具謎謦尼謎膩呬　末底末底　馺頞怛他揭多三摩地頞提瑟恥帝
頞帝末帝波例　波跛輸但偏　薩婆波跛那世也　敎睇勃圖　唱答謎隝謎矩謎　佛
鐸器怛羅　鉢里輸但偏曇謎昵曇謎　謎嚧謎嚧　謎嚧尸揭囇薩婆哥羅　蜜栗覩
尼婆嚩彌　勃提蘇勃睇　佛陀陀頞提瑟侘泥娜曷喀叉覩謎　薩婆提婆　三謎頞
三謎三曼捼漢嚂覩謎薩婆佛陀菩提薩埵　苫謎苫謎　鉢喇苫謎曼　覩謎　薩婆伊

底隝波達婆薩婆毗何大也　薩婆薩埵難者哺㘓泥哺㘓去哺㘓也謎　薩婆阿舍　薜琉璃也　鉢唎底婆細　薩婆波跛　著揚羯囇莎訶

經中又廣說受持此七佛藥師經、咒、像之功德：「若於此咒受持、讀誦、聽聞、演說，以妙香花供養經卷，著新淨衣在清淨處持八戒齋，於諸含識常生慈愍，如是供養得無量福。若復有人有所祈願，應當造此七佛形像，（中略），在佛像前端坐誦咒，於七日中持八戒齋，誦滿一千八遍，彼諸如來及諸菩薩，悉皆護念，執金剛菩薩並諸釋、梵、四天王等亦來擁衛此人；所有五無間罪、一切業障悉皆消滅，無病延年，亦無橫死及諸疾疫；他方賊盜欲來侵境、鬥諍戰陣、言訟、讎隙、飢儉、旱澇，如是等怖一切皆除，共起慈心猶如父母，有所願求無不遂意。」

同經中，執金剛菩薩、帝釋天、梵天、四天王等，聽聞佛陀宣說七佛功德後，即對世尊發願守護：「世尊！若於其處有此經典及七佛名、陀羅尼法流通、供養乃至書寫，我等悉皆承佛威力，即往其處擁護於彼；國王大臣、城邑聚落、男子、女人，勿令眾苦及諸疾病之所惱亂，常得安隱財食豐足；我等即是報諸佛恩。」這些菩薩、天眾等，親於佛前自立要誓後，便宣說真言曰：

怛姪他　惡窶莫窶　呾羅窶　麼麼窶具囇　訶呼　醯　末囉末囉末囉　緊樹囇布囇　莎訶

又說七佛名號及此咒之功德爲：「若有淨信男子、女人、國王、王子、大臣、輔相、中宮、婇女，誦七佛名及此神咒，讀誦、書寫、恭敬供養，現世皆得無病長壽，離眾苦惱不墮三途，得不退轉乃至菩提；彼諸佛土隨意受生，常見諸佛，得宿命智，念定總持無不具足，若患鬼瘧等病，當書此咒繫之肘後，病若差已置清淨處。」

此外，執金剛菩薩也說咒護持：

南麼馺多喃　三藐三佛陀喃　南麼薩婆跋折囉達囉喃呾姪他　唵跋折囇　跋折囇　莫訶跋折囇　跋折囉波捨　陀囒儞三麼三麼　三曼頞　阿鉢囒底嗽多　跋折囇　苫麼苫麼　鉢囉苫曼覩謎　薩婆毗阿大也　矩嚕矩嚕　薩婆羯麼　阿伐囒拏儞叉也　三麼也末奴三末囉簿伽畔跋折囉波儞薩婆舍謎鉢哩　脯囒也　莎訶

而在《藥師琉璃光七佛本願功德經》中也說，欲供養彼七如來者（藥師七佛），應先敬造七佛形像，然後依經中所說如法供養，並「右繞佛像念彼如來所有本願。讀誦此經，思惟其義，演說開示，隨其所願，求長壽得長壽，求富饒得富饒，求官位得官位，求男女得男女，一切皆遂。（中略）若復有人忽為惡夢見諸惡相，或怪鳥來集，或於其家百怪出現；此人若以上妙資具，恭敬供養彼諸佛者，惡夢惡相諸不吉祥，悉皆隱沒不能為患。或有水、火、刀、毒、懸崖、險道、惡象、師子、虎、狼、熊、羆、蛇、蠍、蜈蚣如是等怖，若能至心憶念彼佛，恭敬供養，一切怖畏皆得解脫。若他國侵擾盜賊反亂，憶念恭敬彼如來者，所有怨敵悉皆退散。」

⊙藥師佛的形像

關於藥師如來的形象，在《藥師如來念誦儀軌》說：「安中心一藥師如來像，如來左手令執藥器，亦名無價珠。右手令作結三界印，一著袈裟結跏趺坐，令安蓮華臺，臺下十二神將，八萬四千眷屬上首令安，又令安須蓮臺，如來威光中令住日光、月光二菩薩。」

在《淨琉璃淨土摽》中說：藥師琉璃光如來，通身淺碧色，寶窟中百寶蓮華，師座上大空三昧，放無數光明，一一光中，無量分身諸佛，悉大空三昧相，右臂揚掌，調手開葉，左安臍下，勾小指，號大寶琉璃藥。

在《阿娑縛抄》內記載如下：右手施願，左手作施無畏印，左掌持寶珠，右手掌輕輕舉起，左手屈小指，安放於臍下，左手持藥壺，結定印。

另於《覺禪鈔》藥師法中則舉有「右施無畏，左施願，不持壺」之尊形。

◎藥師佛的眷屬

藥師如來眷屬除日光菩薩、月光菩薩兩大脇士及文殊菩薩、觀音菩薩、大勢至菩薩、寶壇華菩薩、無盡意菩薩、藥王菩薩、藥上菩薩、彌勒菩薩等八位大菩薩之外，最特殊的是有十二藥叉神將，誓願守護修持藥師法者及藥師經。

這十二神將，據經典所載分別爲：

宮毗羅大將　伐折羅大將　迷企羅大將　安底羅大將

頞儞羅大將　珊底羅大將　因達羅大將　波夷羅大將

摩虎羅大將　真達羅大將　招杜羅大將　毗羯羅大將

而此十二藥叉大將，一一各有七千藥叉以爲眷屬，他們曾共同於佛前發願：「世尊！我等今者蒙佛威力，得聞世尊藥師琉璃如來名號，不復更有惡趣之怖。我等相率皆同一心，乃至盡形歸佛法僧，誓當荷負一切有情，爲作義利饒益安樂，隨於何等村城、國邑、空閒林中，若有流布此經，或復受持藥師琉璃光如來名號恭敬供養者，我等眷屬衛護是人，皆使解脫一切苦難，諸有願求悉令滿足；或有疾厄求度脫者，亦應讀誦此經，以五色縷結我名字，得如願已然後解脫。」由此可知此十二神將對藥師法的護持弘願於一斑。

⊙藥師佛的種子字、真言

種子字：（bhai）

【真言】

藥師如來大咒（滅除一切眾生苦惱咒）

曩謨① 婆誐縛帝② 佩殺紫野③ 虞嚕④ 吠吺哩也⑤ 鉢羅婆⑥ 羅惹野⑦

怛他蘖多野⑧ 羅喝帝⑨ 三藐三沒馱野⑩ 怛儞也多⑪ 唵⑫ 佩殺爾曳佩殺爾曳

⑬ 佩殺紫野三摩努蘖帝⑭ 娑縛賀⑮

namo① bhagavate② bhaiṣajya③ guru④ vaidūrya⑤ prabhā⑥ rājaya⑦

tathāgatāya⑧ arhate⑨ samyaksambodhāya⑩ tadyathā⑪ oṁ⑫ bhaiṣ

ajye-bhaiṣajye⑬ bhaiṣajyasamudgate⑭ svāhā⑮

歸命① 世尊② 藥③ 師④ 瑠璃⑤ 光⑥ 王⑦ 如來⑧ 應供⑨ 正遍智⑩

所謂⑪ 供養⑫ 藥藥⑬ 藥發生⑭ 成就⑮

小咒（同無能勝明王真言）

那莫① 三滿多母馱南② 唵③ 戶嚕戶嚕④ 戰拏哩⑤ 摩蹬儗⑥ 娑嚩賀⑦

namaḥ① samanta-buddhānāṁ② oṁ③ huru huru④ caṇḍari⑤ matangi⑥ svāhā⑦

歸命① 普遍諸佛② 歸命③ 速疾速疾④ 暴惡相⑤ 象王（降伏之相）⑥ 成就⑦

阿閦佛

【特德】 修持阿閦佛法門，可降魔滅罪，並令諸魔鬼神、一切煩惱都不能動彈，無法來障礙行者，使行者無災無障、安隱吉祥。

阿閦佛（梵名 Akṣobhya），漢譯有阿閦（音ㄔㄨˋ）、阿鞞閦，或意譯為無瞋恚、不動、無動等的名號，密號不動金剛。是東方妙喜淨土的佛陀。

在《阿閦佛國經》卷上記載，阿閦佛於因地時，在東方有阿比羅提（Abhirati，譯為妙喜，甚可愛樂的意思）國土，大目如來處修學。當時大目如來

阿閦佛

說菩薩六波羅蜜：「學諸菩薩道者甚亦難。所以者何?菩薩於一切人民，及蜎飛蠕動之類，不得有瞋恚。」

當時，在法會中有一位比丘受了大目如來的啟發，於是發起「對一切眾生不起瞋恚的誓願」，所以大家就稱他爲「阿閦」。阿閦就是不瞋恚、無憤怒的意思。引伸爲對一切眾生恆起慈悲心，永不爲瞋恚所動，所以稱爲不動或無動。

《白寶口抄》中引諸經軌說：「此法就息災修之，但爲降魔滅罪可修之也。《大疏》十三云：阿閦如來，其佛以大慈悲，爲護一切伏諸障故。《稱揚諸佛功德經》〈說阿閦佛名號功德〉云：天魔波旬聞此佛名皆成怖退去。《攝真實經》云：能滅毗那夜迦及諸魔鬼神之印。經云：一切極重大罪悉皆能消滅。」

而《大寶積經》卷十九〈不動如來會〉中記載，阿閦佛於因地時曾發願：「我今發一切智心，乃至無上菩提，若見諸罪人將被刑罰，不捨身命而救護彼，則爲欺誑一切諸佛。」

因此，阿閦佛不僅於諸有情不起瞋恚之心，亦慈悲護覆一切眾生，滅除眾生種種重罪，降伏一切諸魔鬼神，使眾生無災無障乃至菩提。

⊙阿閦佛的形像

阿閦佛的形象爲身呈黃金色，左手作拳，安臍前，右手垂下觸地，即所謂的阿閦觸地印。

在《阿娑縛抄》卷第五十中則記載，此佛的形相爲：具有佛的圓滿相好，偏袒右肩，左手以金剛拳執持袈裟一角，手心向內，右手伸五指，置於右膝，頭光黈鬘莊嚴，結跏趺坐，坐於蓮華座上，蓮華臺以青色象載之。

關於其左手取袈裟二角，在《白寶口抄》中詮釋說：「取袈裟二角者，調威儀時行儀也，是降魔相，威儀能直時，一切魔障不得其便故也。」

《文泉房記》云：此法息災行之，但是降魔法也，高野之金堂本佛阿閦也，是爲降魔，令安置給也，彼觸地印是降魔印也。

又云：阿閦佛依智界記之，菩提心之地，令不動故，號不動佛，此故我心不動思可行之，謂菩提心之地不退轉令常住思也。世間之山河大地，併亦我心所變也，故世間之國土世界，令安穩思可行此法。

而在《諸佛境界攝真實經》卷中則說：「結破魔印，右手舒五指，以按於地。左手五指執持衣角，入東方不動如來三昧。當觀吽字色（修證門黑色，本有門白色）及我身，盡東方界及以九方無量世界，諸佛菩薩一切眾生山川草木，咸皆青色。以右手掌面用按於地，此印能令諸魔鬼神、一切煩惱悉皆不動，是名能滅毗那夜迦及諸惡魔鬼神之印。」

此外，《白寶口抄》中亦提及有阿閦如來滅除重罪障陀羅尼，此陀羅尼據佛陀所說，若有十二大罪無懺悔處者，以此無動如來陀羅尼，一切極重大罪悉皆能消滅。又若有人發菩提心，將此陀羅尼書於壁上或板上，忽有人見到此陀羅尼，生敬信心如上，則十惡一切重罪悉皆消滅，何況能一日誦一遍者？其人現世增無量福，臨命終時，十方聖眾各持華蓋來迎生於淨土，諸佛舒金色臂摩頂授記，速成無上菩提。

⊙阿閦佛的種子字、真言

種子字：（hūṃ）

【真言】

金剛界真言

唵① 惡乞芻毗也② 吽③（成身會）

𑖌𑖼① 𑖀𑖎𑖿𑖬𑖺𑖥𑖿𑖧② 𑖮𑖳𑖽③

oṃ① akṣobhya② hūṃ③

歸命① 不動② 吽③（菩提心的種子）

唵① 縛日羅② 枳惹南③ 吽④（三昧耶會）

𑖌𑖼① 𑖪𑖕𑖿𑖨② 𑖕𑖿𑖗𑖯𑖡𑖽③ 𑖮𑖳𑖽④

oṃ① vajra② jñānaṃ③ hūṃ④

歸命① 金剛② 智③ 吽（種子）④

佛頂尊勝佛母

佛頂尊勝佛母能去除一切煩惱業障，破壞一切惡道眾生的種種苦迫；使眾生得到一切菩薩的同心覆護，在現生中不為疾病與諸苦惱事所障礙。

【特德】

佛頂尊勝佛母（梵名Vijaya），密號爲除魔金剛，又稱尊勝佛母、除障佛頂。

佛頂，是指如來之無見頂相，乃常人所無法了知的殊勝相，具足最上最勝之功德。在一切佛頂中，尊勝佛頂能去除一切煩惱業障，破壞一切穢惡道之苦，所以又稱爲尊勝佛頂、除障佛頂。

佛母的中面白色表示平息災障，右面黃色表諸法增益，左面藍色表降伏之法。手托大日如來爲其上師，表懷愛；持箭代表勾召眾生的悲心，施無畏印代表使眾生遠離一切怖畏，施願印表示滿足一切眾生的心願，持弓者表勝三界，結定印上托甘露瓶，表示使眾生得以長壽無病，十字金剛杵表降魔降災事業成就，羂索代表降伏一切難調伏之眾生。

尊勝陀羅尼功德廣大不可思議，能利益無邊眾生，若有持誦尊勝佛母陀羅尼者，能滅一切重罪，得眾人愛敬，命終之後生於極樂國，並得大涅槃，也能增長壽命，受殊勝快樂，從此地往生之後，即得往生種種微妙諸佛剎土。

又據佛典中說，若有人聞此尊勝陀羅尼，一經於耳，隨其福利，隨處安穩，一切如來之所觀現，一切天神恆常侍衛，爲人所敬，惡障消滅，一切菩薩同心覆護。又有經云：若有四生眾生，一聞此陀羅尼者，現生一期，更無他疾、諸苦惱事。而於白月十五日誦此最勝佛頂陀羅尼，念咒一千零八遍，一切惡業、十惡等，悉皆消滅，當得阿耨多羅三藐三菩提，諸佛菩薩親摩其頭而授記菩提。若有持此陀羅尼者，是人三世所有五逆四重罪，一切根本重罪，悉當消滅。

據經中記載，佛曾告帝釋天言：「天帝，有陀羅尼爲如來佛頂尊勝，能淨一切惡道，能淨除一切生死苦惱，又能淨除諸地獄、閻羅王界、畜生之苦，又破一切地獄，迴向善道。天帝，此佛頂尊勝陀羅尼，若有人聞，一經於耳，先世所造

佛頂尊勝佛母

一切地獄惡業，皆悉消滅，當得清淨身，隨所生處，憶持不忘。」

又說：「此咒名淨除一切惡道佛頂尊勝陀羅尼，能除一切罪業等，破一切穢惡道苦。天帝，此大陀羅尼八十八殑伽沙俱胝百千諸佛，同共宣說，隨喜受持大如來智印。」

關於此咒的殊勝，在相關經軌中更說：若人須臾得聞此陀羅尼，千劫已來積造惡業重障，應受種種流轉生死地獄、餓鬼、畜生之身，更不重受，即得轉生。諸如來一生補處菩薩同會處生。又，若人能書寫此陀羅尼，安高幢上，或安高山、或樓上，乃至安置窣都婆中，若有苾芻、苾芻尼、優婆塞、優婆夷於幢等上，或見或相近其影，或風吹陀羅尼上、幢等上，其塵落在身上，彼諸眾生所有罪業，應墮惡道、地獄、畜生、閻羅王界、餓鬼、阿修羅身等惡道之苦，皆悉不受。又，若有過去一切十惡、五逆、四重諸罪，燼燃除滅，若有眾生隨處得聞此大灌頂光王尊勝頂輪王真言，一二三七遍，經於耳根者，即得除滅一切罪障，若有瑜祇者，愍念一切七趣有情，於高山頂上，各禮十方，各誦尊勝真言一遍，眼所望及處，一切眾生皆悉免離一切罪苦，當來生不動佛國。

而於《尊勝佛頂修瑜伽法軌儀》卷上中的第十六法中則說：若人長病在床，若復有人欲得一切愛念敬重，復有人欲救一切世間出世間事，心未得定，被鬼神惱亂，夢想顛倒，應當取金箔一百零八片，以真言加持二十一遍，將之貼於一百零八軀佛像的形頂前，作摩尼寶珠形，即得一切諸事障礙消除，所求如意。

第十七法中說：若有國內被鬼病所著，以及時氣疫病流行，當於四城門上以青紙寫上真言，用白檀香木作函盒盛裝之，將函盒之門別以蠟來封印，當放置於四城門之上，以五色傘蓋函盒之門，別安一本，即得諸鬼病等皆消滅。

第十八法中說：若有國內五穀不熟，風雨不時，當以白絹作幡，書寫真言於上，並畫作佛頂印，懸於一百八十尺剎上，向正南著之，即得風雨調適，五穀成熟，人民安樂；即得惡龍迴心作善，阿修羅王不能障礙。

第十九法中說：若多雨不止，即以緋絹書真言二十一道，懸著正南剎上，即得雨止天晴。

第二十法中說，若有惡賊起於國內，當以青絹書真言二十一道，中心畫乾闥婆兒善住，兩手調箭，懸於正東剎上，即得惡賊自然退散。

第二十一法中說：若有國王衰禍欲至，當以雜物作一百零八箇浮圖相輪，又打金箔葉各書真言一本，於一相輪最上頭函內，盛之安置，即得衰禍消滅，福祚延長。

《尊勝佛頂修瑜伽本尊真言品》第六中云：修本尊真言法，於每月十五日自誦，或遣人誦滿一千零八遍，能除一切災殃長壽增福。或每日三時，觀本尊心上圓明中，或觀己身為本尊，於心上圓明中，旋轉安布尊勝真言，如字輪形，一一字隨本法，臨時本色相應放光，皆變成為曼荼羅聖眾，即是己身為尊勝佛頂法界曼荼羅體。

由以上種種經句可知，佛頂尊勝佛母及其經咒有大威德，能滅眾生一切重障罪苦，消諸災疾，所求如意。

⊙佛頂尊勝佛母的形像

佛頂尊勝佛母，有稱其為頂髻尊勝佛母，又簡稱為尊勝母。其形像有三面八臂，面上各具三眼，中面白色，嫵媚寂靜貌，右面金黃色笑容愉悅狀，左面為似烏巴拉花之藍色，露牙現兇忿相，身如秋月皎白無瑕，面貌如妙齡少女。

右第一手持四色十字金剛羯磨杵於胸前，二手托蓮座上有阿彌陀佛（亦或為大日如來），三手持箭，四手施願印置於右腿前；左第一手忿怒拳印持羂索，二手上揚作施無畏印，三手執弓，四手定印托甘露寶瓶。佛母身有花蔓、天衣、寶冠、瓔珞等莊嚴，安坐於蓮花月輪上。

根據儀軌所述，尊勝佛母以白色蓮花手觀音，及藍色寂靜金剛手菩薩為左右脇侍，四大明王為護法，東方不動明王，右手執寶劍。南方愛染明王，右手執鐵鈎。西方持棒明王，右手執藍棒。北方大力明王，右手執杵。四明王皆身藍色，左手都作忿怒拳印當胸，髮眉鬚如火燃狀，大牙怒咬。皆以虎皮為裙，蛇飾為瓔珞，雙足右屈左伸，以力士姿威立。

⊙佛頂尊勝佛母真言

唵阿密嘌都姤婆　娑婆訶

佛頂尊勝陀羅尼

曩謨① 婆誐嚩帝② 怛喇路枳也③ 鉢囉底尾始瑟吒野④ 沒馱野⑤ 婆誐縛帝⑥ 怛儞也他⑦ 唵⑧ 尾戍馱野⑨ 娑麼娑麼三滿哆嚩婆娑⑩ 娑頗囉拏⑪ 蘖底誐賀曩⑫ 娑嚩婆縛尾秫弟⑬ 阿鼻詵左覩牿⑭ 素蘖哆⑮ 嚩囉嚩左曩⑯ 阿蜜嘌哆鼻曬罽⑰ 摩賀曼怛囉播乃⑱ 阿賀囉阿賀囉⑲ 阿庾散馱囉柅⑳ 戍馱野戍馱野㉑ 誐誐曩尾秫弟㉒ 鄔瑟膩灑㉓ 尾惹野尾秫弟㉔ 娑賀娑囉囉濕銘㉕ 散祖儞帝㉖ 薩嚩怛他蘖哆㉗ 嚩路迦寧㉘ 殺播囉弭哆㉙ 跛哩布囉抳㉚ 薩嚩怛他蘖哆㉛ 紇哩娜野㉜ 地瑟姹曩地瑟耻路㉝ 摩賀母捺哩㉞ 嚩日囉迦野㉟ 僧賀路曩尾秫弟㊱ 薩嚩嚩囉拏跛野訥蘖帝跛哩尾秫弟㊲ 鉢囉底寧韈韈野阿欲秫弟㊳ 三摩野地瑟耻帝㊴ 麼柅麼柅㊵ 摩賀麼柅㊶ 怛闥哆部路句致跛哩秫弟㊷ 尾窣普吒沒地秫弟㊸ 惹野惹野㊹ 尾惹野尾惹野㊺ 娑麼囉㊻ 薩嚩沒馱地瑟耻哆秫弟㊼ 嚩日哩㊽ 嚩日囉蘖陛㊾ 嚩日嚂婆嚩覩㊿ 麼麼舍哩嚂(51) 薩嚩薩怛嚩難左迦野尾秫弟(52) 薩嚩誐帝跛哩秫弟(53) 薩嚩怛他蘖路(54) 三麼濕嚩娑演畔(55) 薩嚩怛他蘖哆(56) 三麼濕嚩娑地瑟耻帝(57) 沒地野沒地野尾沒地野(58) 冒馱野冒馱野尾冒馱野尾冒馱

野(59) 三滿哆(60) 跛哩秫弟(61) 薩嚩怛他蘖哆(62) 紇哩娜野地瑟姹曩地瑟恥哆(63) 摩
賀母捺嚇(64) 娑嚩賀(65)

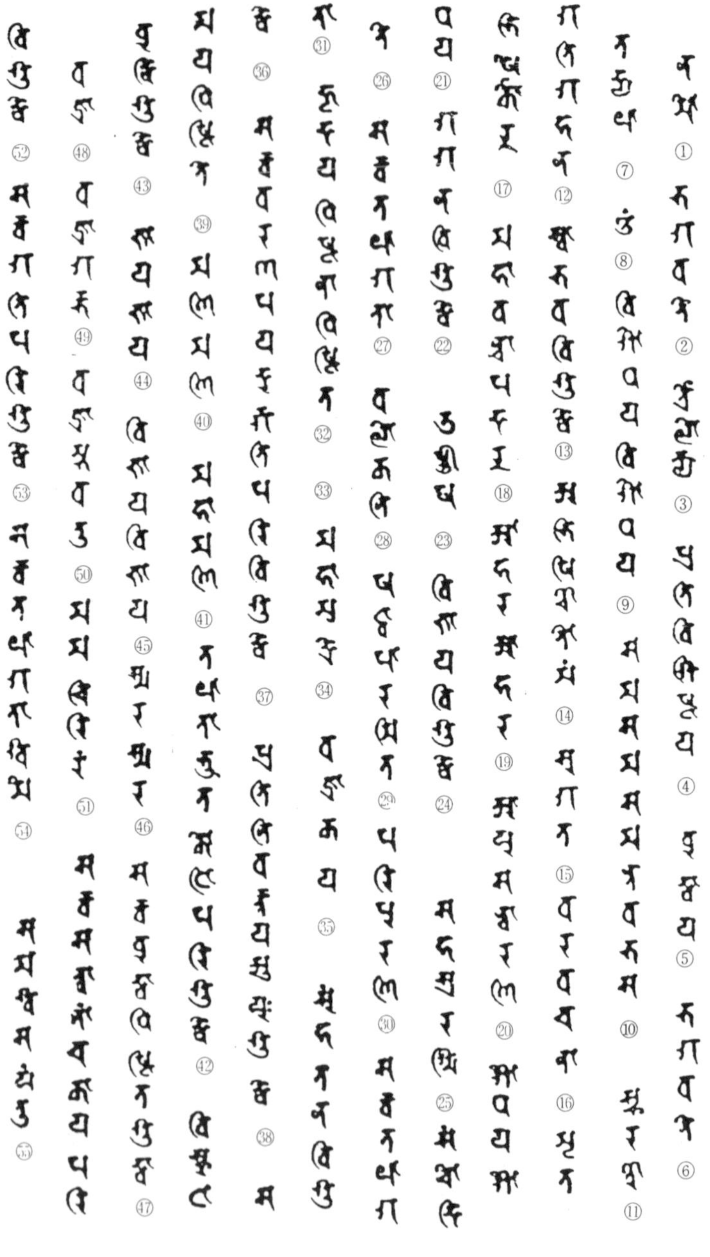

[illegible] ⑤⑥ [illegible] ⑤⑦ [illegible] ⑤⑧ [illegible] ⑤⑨ [illegible] ⑥⓪ [illegible] ⑥① [illegible] ⑥② [illegible] ⑥③ [illegible] ⑥④ [illegible] ⑥⑤

namo① bhagavate② trailokya-③ prativiśiṣṭāya④ buddhāya⑤
bhagavate⑥ tadyathā⑦ oṁ⑧ viśodhaya <u>viśodhaya</u> ⑨ samāsama
samantāvabhāsa⑩ spharaṇa-⑪ gati-gahana⑫ svābhā va-visuddhe⑬ abhiṣ
incatu māṁ⑭ sugata-⑮ vara-vacanā⑯ mṛtābhiṣekair⑰ mahā
-mantra-padair⑱ āhara āhara⑲ āvuḥ-saṁdhāraṇi⑳ śodhaya śodhaya㉑
gagana-viśuddhe㉒ uṣṇīṣa-㉓ vijaya-viśuddhe㉔ sahasra-raśmi-㉕ saṁ
codite㉖ sarva-tathāgatā㉗ valokani㉘ ṣaṭ-pāramitā-㉙ paripūraṇi㉚
sarva-tathāgata㉛ hṛdayā㉜ dhiṣṭhānādhi-ṣṭhite㉝ mahā-mudre㉞ vajra-kā
ya-㉟ saṁhātana-viśuddhe㊱ sarvāvaraṇa-bhaya-durgati-pariviśuddhe㊲
pratinivartaya āyuḥ-śuddhe㊳ samayādhiṣṭhite㊴ maṇimaṇi㊵ mahāmaṇi㊶
tathātā-bhūta-koṭi-pariśuddhe㊷ visphuṭa-buddhi-śuddhe㊸ jaya jaya㊹

vijaya vijaya㊺ smara smara㊻ sarva-buddhādhiṣṭhita-śuddhe㊼ vajri㊽
vajra-garbhe㊾ vajraṁ bhavatu㊿ mama śarīraṁ(51) sarva-sattvānāṁś ca k
āya-pariviśuddhe(52) sarva-gati-pariśuddhe(53) sarva-tathāgatāścame(54) samāśv
āsayantu(55) sarva-tathāgata-(56) samāśvāsādhiṣṭhite(57) budhya budhya vibud-
hya vibudhya(58) bodhaya bodhaya vibodhaya vibodhaya(59) samanta-(60)
pariśuddhe(61) sarva-tathāgata-(62) hṛdayādhiṣṭhānādhiṣṭhita-(63) mahā-mudre(64)
svāhā(65)

歸命① 世尊② 三世③ 最殊勝④ 大覺⑤ 世尊⑥ 所謂⑦ 唵（三身具足、或一切法不生、或無見頂相）⑧ 清淨⑨ 普遍照燿⑩ 舒遍⑪ 六趣稠林⑫ 自然清淨⑬ 引灌頂我⑭ 善逝⑮ 殊勝教⑯ 甘露灌頂⑰ 解脫法身⑱ 唯願攝受唯願攝受（或又爲遍攘災難脫諸苦惱之義）⑲ 堅住持壽命⑳ 淨淨㉑ 如虛空清淨㉒ 佛頂㉓ 最勝清淨㉔ 千光明㉕ 驚覺㉖ 一切如來㉗ 觀察㉘ 六度㉙ 圓融㉚ 一切如來㉛ 心㉜ 神力加持㉝ 大契印㉞ 金剛鉤㉟ 鎖身清淨㊱ 一切障清淨㊲ 壽命皆得清淨㊳ 誓願加持㊴ 寶珠㊵ 大寶珠㊶ 遍淨㊷ 顯現智慧㊸ 勝利㊹ 最勝最勝㊺ 念持定慧相應㊻ 一切諸佛加持清淨㊼ 金剛㊽ 金剛藏㊾ 願成如金剛㊿ 是我之義51 一切有情身得清淨52 一切趣皆清淨53 一切如來54 皆共護持55 一切如來56 安慰令得加持57 所覺所覺58 能令覺悟能令有情速得覺悟59 普遍60 清淨61 一切如來62 神力所持63 大契印64 吉祥65

佛眼佛母

【特德】 佛眼法可除毒息災，退諸怨敵，攘除天災異變，得大安樂。

佛眼佛母（梵名 Buddha-locani），位於密教胎藏界曼荼羅，遍知院及釋迦院中。梵名音譯作沒陀路左曩、勃陀魯沙那；又稱爲佛眼、佛眼尊、佛母尊、佛母身、佛眼部母、佛眼明妃、虛空眼明妃、虛空藏眼明妃、一切如來佛眼大金剛吉祥一切佛母等。此尊有說其爲大日所現，有說爲金剛薩埵所化。

密教以佛眼尊、般若波羅蜜等能產生諸佛，所以尊之爲佛母。在《大品般若經》卷十四〈佛母品〉說：是深般若波羅蜜能生諸佛，能與諸佛一切智，能示世間相，所以諸佛常以佛眼比喻深般若波羅蜜。又，佛的隨類現身之妙德，也稱爲佛母。

佛眼佛母尊乃般若中道妙智的示現，具有五眼，能出生金胎兩部諸佛、菩薩，爲生佛部功德之母，所以置於表示般若一切智的遍知、釋迦二院中。茲分述如下：

(1)遍知院的佛眼佛母：又名爲虛空眼、諸佛母。位於中央一切如來智印的北方。密號殊勝金剛。形像是遍身肉色，頭戴寶冠，繫有珠鬘，耳懸金環，臂著釧環，穿紅錦衣，結定印，於赤蓮華上結跏趺坐。

(2)釋迦院的佛眼佛母：又名遍知眼、能寂母、一切如來寶，位於中央釋迦牟尼佛北方下列的第一位。密號實相金剛。形像爲通身金色，右手豎掌，屈中指、無名指，小指稍屈，伸拇指和食指；左手屈臂，置於胸前，持蓮華，華上如意寶，面向左方微微仰視。

佛眼佛母

在《涅槃經》中記載，佛陀曾入佛眼三摩地，降伏醉象的故事：有一次提婆達多放醉象欲害佛陀，時五百弟子逃昇虛空，惟有阿難一人隨侍佛陀。於是佛陀入於佛眼三摩地，高舉右手向象，自指頭化出五隻師子，師子同聲迅吼，即時醉象伏倒在地，須臾即暴斃而亡。

當時佛陀並說此因緣：「往昔我爲雁母，爲獵網所懸，其時有五百雁逃昇虛空，即是我今五百弟子是也，只有一雁隨我，即阿難是也。」

而醉象斃死之時，世尊即誦蘇生真言，令其生還。

修佛眼法，可息災增福、延命長壽。在《諸部要目》中說：佛眼法可以除毒息災，退諸怨敵，爲息災之法。在《覺禪鈔》中則記載，天災時可修佛眼法來息災祈福，爲攘災之法。

如果逢天變怪異，曜宿凶惡之時，尤其可行此法。凡閻浮眾生以天災爲最大之災難，佛眼佛母哀憫眾生，故特別慈佑。

此外，如果修習佛眼法，則所作事業預皆成就，急難之中能如日昇空，一切宿業重障、七曜二十八宿，悉皆不能破壞，能得大安樂。

在《覺禪鈔》卷二中說：持佛眼佛母之真言，得以除滅五逆等罪事，並說：「真言纔誦一返，滅身中十惡四重五無間罪，一切業障皆消滅，若苾芻尼犯根本罪，誦七返得戒品。」

又說洗目時，誦佛眼佛母真言，可去保眼疾：「洗目時，以佛眼真言加持洗之，呪曰：

曩莫三滿多勃多南栴陀婆盧舍那 ꣽꣾ（莎訶）

以此真言加持水洗目時，目眼無病，所見分明。遂得見十方諸尊等也。」

關於此尊形像，諸經論中皆有不同的說法，如：

1.《金剛峰樓閣一切瑜伽瑜祇經》卷下〈金剛吉祥大成就品〉中說：佛眼佛母住於大白蓮上，身是白月光色，兩目微笑，二羽住臍，如入禪定，從一切支分出生十恒河沙俱胝佛。

2.《菩提場所說一字頂輪經》卷二〈畫像儀軌品〉中說，其外形如女天，安坐寶蓮華，身如金色，目觀大眾，著輕縠衣，角絡而披。右手持如意寶，左手施願印，圓光周遍，熾盛光明，身儀寂靜。

3.《不空羂索神變真言經》卷九說：佛眼佛母右手背壓在左手掌上，伸置臍下，結跏趺坐。

4.《大聖妙吉祥菩薩說除災教令法輪》中說：身相紅蓮色，左作五眼契，右結如來拳。

佛眼佛母的種子字爲（śrī）字，是三字合成之字。字表自性寂靜不可得。性寂故能攝諸善，萬行萬善功德皆悉齊備。能生一切福，滅一切罪。

以此尊爲中尊所建立的曼荼羅，稱爲佛眼曼荼羅。即是畫三層八葉蓮華；於第一華院中臺畫大金剛吉祥母，八葉上畫一切佛頂佛王（即一字金輪佛頂）和七曜使者；第二華院畫八大菩薩，各執本標幟；第三華院畫八大金剛明王，又於華院外四方四隅畫八大供養及四攝等使者，皆戴師子冠。

《白寶口抄》中說：如是諸尊各戴師子冠，表降伏之義及息災、大悲、智惠之義也。在此代表勇健菩提心之義，即自在化度眾生不空功之義。

《覺禪鈔》中說：「佛眼尊自惠眼出生八大明王，自法眼出生八大菩薩，自天眼出生七曜，又伏實類若計之不祥，行者與吉祥，自佛眼金輪出生肉眼。」

⊙佛眼佛母的種子字、真言

種子字：（śrī）或（gaṃ）

【真言】

曩謨①婆誐縛覩②鄔瑟抳灑③唵④嚕嚕⑤塞怖嚕⑥入縛攞⑦底瑟吒⑧悉馱⑨路者寧⑩薩縛喇他⑪薩馱儞曳⑫娑縛賀⑬

namo① bhagavat② uṣṇīṣa③ oṃ④ ruru⑤ sphuru⑥ jvala⑦ tiṣṭha⑧ siddha⑨ locanī⑩ sarvārtha⑪ sadhane⑫ svāhā⑬

歸命① 世尊② 頂③ 唵（三身的種子）④ 嚕嚕（無垢離塵的種子）⑤ 普遍⑥ 光明⑦ 安住⑧ 成就⑨ 眼⑩ 一切義利⑪ 富裕⑫ 成就⑬

虛空眼明妃真言

南麼① 三曼多勃馱喃② 伽伽那③ 縛羅④ 落吃灑孏⑤ 伽伽那三迷⑥ 薩縛靚嗢蘗多⑦ 避娑羅⑧ 三婆吠⑨ 入縛羅⑩ 那謨⑪ 阿目佉羅⑫ 娑縛訶⑬

𑖡𑖦𑖾① 𑖭𑖦𑖡𑖿𑖝𑖤𑖲𑖟𑖿𑖠𑖯𑖡𑖯𑖽② 𑖐𑖐𑖡③ 𑖪𑖨④ 𑖩𑖎𑖿𑖬𑖜𑖸⑤ 𑖐𑖐𑖡𑖭𑖦𑖸⑥ 𑖭𑖨𑖿𑖪𑖞𑖺𑖟𑖿𑖐𑖝⑦ (𑖀)𑖥𑖰𑖭𑖨⑧ 𑖭𑖽𑖥𑖪𑖸⑨ 𑖕𑖿𑖪𑖩⑩ 𑖡𑖦𑖺⑪ 𑖀𑖦𑖺𑖑𑖯𑖡𑖯𑖽⑫ 𑖭𑖿𑖪𑖯𑖮𑖯⑬

namaḥ① samanta-buddhānāṃ② gagana③ vara④ lakṣaṇe⑤ gaganasame⑥ sarvathodgata⑦ abhisara⑧ sambhave⑨ jvala⑩ namo⑪ amoghānāṃ⑫ svāhā⑬

歸命① 普遍諸佛② 虛空③ 願④ 勝相⑤ 等虛空⑥ 一切處超出⑦ 堅不可壞⑧ 從生⑨ 光明⑩ 頂禮⑪ 諸不空⑫ 成就⑬

一字金輪佛頂

【特德】修持一字金輪佛頂法，能止息種種鬼魅、橫死、疾疫，並得到一切大威德賢聖諸天所常擁護，晝夜皆得安穩。

一字金輪佛頂（梵名 Ekākṣara-uṣṇīṣacakra），梵名音譯為翳迦訖沙羅烏瑟尼沙斫訖羅，五佛頂尊之一。別名為一字輪王佛頂、金輪佛頂王。與大日如來、釋迦牟尼同一本體。

此佛傳說是依照咒文示現而成的。其名號中的「一字」，指的是「南莫三曼多勃馱南．勃嚕唵」中的「勃嚕唵」。「勃嚕唵」名為三身具足咒。所以是以「勃嚕唵」（bhrūṃ）一字為真言的佛頂尊。是諸佛頂中最為殊勝者，猶如世間轉輪聖王中以金輪為最。

此金輪有大日金輪與釋迦金輪兩類。釋迦金輪，是依據《一字頂輪王經》所

一字金輪佛頂

說：作螺髮形，結法界定印或持鉢印，印上安輪。大日金輪，則是依據《金剛頂經一字頂輪王瑜伽一切時處念誦成佛儀軌》所說：戴五智寶冠，結智拳印。

一般修一字金輪法時，是以大日金輪為本尊。其身呈黃金色或白色，坐八葉白蓮華上。其形雖為金剛界之智佛，卻現入胎藏界日輪三昧之相。

以一字金輪為本尊，祈請一切悉地及除災之法，稱一字金輪佛頂法。關於其修法的功德，在《金剛頂經一字頂輪王瑜伽一切時處念誦成佛儀軌》中說：修此瑜伽，即使現造無量極重諸罪障，也必能超脫惡趣，速證菩提。

《一字奇特佛頂經》中，佛陀對金剛手秘密主說，如是一字輪王，能作一切事業，為一切佛所說，無礙教令，無量那由他百千俱胝佛所說，我今亦說。若有此大明王輪王佛頂若能受持、讀誦，若聞演說，乃至書寫經卷、供養念誦，彼必不墮惡趣，不為餓鬼藥叉，不貧匱，不為一切罪；一切有情皆得敬愛，一切皆得隨順。所生處，皆得宿命，一切鬼魅不著身，所謂天魅或龍魅，或嬰孩魅、羅剎魅，或緊那羅魅，或摩睺羅伽魅，或補怛那魅，或羯吒補怛那魅，或毗舍遮魅，或迦樓羅魅，或阿修羅魅，或諸母天魅，或鳩槃茶魅；刀仗不著身，不被毒火水所中；一切他敵飢儉曠野如是處必不生，一切毒、瘡腫、蠱魅、起屍作法、不祥皆得解脫；一切天、龍、藥叉、阿修羅、迦樓羅、緊那羅、摩睺羅伽皆禮敬，所有一切災難彼一切皆不能爲害。

又《一字頂輪王經》云，若能持此者，一切處無礙安息，一切天人供養恭敬。《大陀羅尼末法中一字心咒經》云，當來濁世中受持得安樂，能令持者超過三界一切魔界。受持、書寫、供養、思求者，當與擁衛，令無災患，不墮惡趣，不爲餓鬼、藥叉、不貧匱、橫死毒火、一切疾病得除息。

而《菩提場所說一字頂輪王經》也說，應以牛黃於樺皮上寫此陀羅尼，安頭髻中，若出家眾可繫在袈裟中；若在家眾可繫在手臂，或在頸下；若國王帶，不被他敵之所侵擾，晝夜臥安、覺安；大威德賢聖諸天而常擁護。如是及餘有情，若能持此者，勸修真言者，一切處獲得無礙……以此作息災吉祥事，惡星淩逼皆得息滅。

《甘露軍荼利菩薩供養念誦成就儀軌》則說，有人誦持頂輪王等佛頂，五百由旬內修餘部密言者，請本所尊念誦，聖者不降赴，亦不與悉地。由一字頂輪威德所攝的緣故。

◎一字金輪的種子字、真言

種子字：（bhrūṃ）

【真言】

勃嚕唵

bhrūṃ

熾盛光佛頂

【特德】以熾盛光佛頂為本尊，在天災地變時修法，可除災招福，成就八萬種大吉祥事。

熾盛光佛頂

熾盛光佛頂（梵名 Prajvalosnisah），又稱爲熾盛光如來、攝一切佛頂輪王。依密教相傳，此尊係釋尊爲教化眾生所現的忿怒相。由於身上毛孔發出熾盛的光明，故有此名。

此尊在胎藏曼荼羅釋迦院中是最勝佛頂，有認爲其與光聚佛頂同尊，實際上應該是金輪佛頂。相傳釋尊在須彌山頂成道，降伏諸天，而稱金輪佛頂；由於放出無數光明，所以又稱熾盛光。

以熾盛光佛頂爲本尊，在天災地變時修法以除災招福，即是熾盛光法。在日本，此法爲山門四個大法之一。

依《佛說大威德金輪佛頂熾盛光如來消除一切災難陀羅尼經》中所載，往昔釋迦牟尼佛住淨居天宮時，曾告訴文殊師利菩薩摩訶薩及諸星曜等眾說：「我昔於過去娑羅樹王佛所，受此大威德金輪佛頂熾盛光如來消除一切災難陀羅尼法。於未來世中，若有國界日、月、五星、羅睺、計都、彗孛妖怪、惡星照臨所屬本命宮宿及諸星位，或臨帝座，於國於家並分野處陵逼之時，或進或入作諸災難，應於清淨處，置立道場，志心持是陀羅尼，經一百八遍或一千八十遍，若一日、二日、及至七日依法修治壇場、受持讀誦，一切災難自然消滅不能爲害。」

並說此熾盛光如來消除一切災難陀羅尼（如後附），爲一切如來同共宣說，功德不可思議，能成就八萬種大吉祥事，復能滅除八萬種大不吉祥事。若有種種星曜侵陵，及宿世怨家欲相謀害、諸惡横事、口舌厭禱、咒詛符書以爲災難，如能依法受持，一切災禍不能爲害，變災爲福，皆得吉祥。

而如果有國界不安，災難生起時迎請僧眾如法建立道場，安置佛像，潔戒護持，香花燈燭隨分供養，則令諸眾生獲福無量，其災即除。

此尊形像，在《大聖妙吉祥菩薩說除災教令法輪》說：熾盛光佛頂，身諸毛孔放大光明。又說，熾盛佛的毛孔有飛光熾盛，頭有五佛相，二手如釋迦。

在《大妙金剛大甘露軍拏利焰鬘熾盛佛頂經》亦敘述，爾時世尊身現攝一切佛頂輪王之相。手持八輻金輪，於七師子座，身放無量百千光明。頂旋傘蓋，上面出現一俱胝佛身，放大光明，悉旋轉坐傘蓋中。世尊以印又作八輻金輪，八方八色輪中現八種花座。持本標幟，各以八恒河沙俱胝佛身圍繞，各放無量雜寶光焰，還於傘蓋頂上現一俱胝佛，放大光明，一一旋轉。

⊙熾盛光佛頂真言

熾盛光如來消除一切災難陀羅尼

娜莫① 三曼多② 勃馱南③ 阿鉢羅底賀多捨娑曩南④ 唵⑤ 却却佉呬佉呬⑥ 吽
吽⑦ 入縛攞入縛攞⑧ 鉢羅入縛攞鉢羅入縛攞⑨ 底瑟姹底瑟姹⑩ 瑟置哩⑪ 娑撥吒
娑撥吒⑫ 扇底迦⑬ 室利曳⑭ 娑縛賀⑮

namaḥ① samanta② buddhānāṃ③ apratihata-śāsanānāṃ④ oṃ⑤
kha-kha-khāhi-khāhi⑥ hūṃ-hūṃ⑦ jvala-jvala⑧ prajvala-prajvala⑨ tiṣṭha-ti
ṣṭha⑩ ṣṭhirī⑪ sphaṭ-sphaṭ⑫ śāntika⑬ śriye⑭ svāhā⑮

歸命① 普遍② 諸佛③ 無能害者④ 三身⑤ 無見頂相⑥ 恐怖除障⑦ 光炎
⑧ 熾盛光炎⑨ 願住⑩ 秘⑪ 破壞⑫ 息災⑬ 吉祥⑭ 成就⑮

第二章 菩薩部

聖觀音

觀音菩薩悲願深重，方便無量，時時聞聲救苦，於苦惱、死厄或是恐怖黑暗之處，能成為眾生的依怙，恆常護佑著眾生。

【特德】

聖觀音（梵名Avalokiteśvara），梵名音譯爲阿縛盧枳多濕伐羅，又稱作正觀音、大聖觀自在、大悲聖者、大精進觀世自在等名。一般指的是觀自在菩薩自身，密號爲正法金剛、清淨金剛；在與救度六道配合時，就是救度餓鬼道眾生的主尊。在《法華經》〈普門品中〉說其弘誓深如海，歷劫不思議，侍多千億佛，發大清淨願，聞名及見身，心念不空過，能滅諸有苦。

而在《悲華經》中，則記載了往昔觀音菩薩於寶藏佛所，爲轉輪聖王第一太子時，於寶藏佛前發願：「我今觀於地獄眾生多諸苦惱，人、天之中或有垢心，以垢心故數數墮於三惡道中。……是諸眾生以親近惡知識故，退失正法墮大闇處，盡諸善根攝取種種諸邪見等，以覆其心行於邪道。世尊！今我以大音聲告諸眾生，我之所有一切善根，盡迴向阿耨多羅三藐三菩提。願我行菩薩道時，若有眾生受諸苦惱恐怖等事，退失正法墮大闇處，憂愁孤窮無有救護，無依無舍，若能念我稱我名字，若其爲我天耳所聞、天眼所見，是眾生等若不得免斯苦惱者，我終不成阿耨多羅三藐三菩提。」由此可知觀音菩薩，悲心深重，對濟度眾生的種種苦難有特別的願力與護佑。

另於〈普門品〉中尚描述，佛陀曾應無盡意菩薩的祈請，而宣說觀世音菩薩名號的因緣，及不可思議的威神力。佛陀說：

聖觀音

「善男子！若有無量百千萬億眾生受諸苦惱，聞是觀世音菩薩，一心稱名，觀世音菩薩即時觀其音聲，皆得解脫。若有持是觀世音菩薩名者，設入大火，火不能燒，由是菩薩威神力故；若為大水所漂，稱其名號，即得淺處。若有百千萬億眾生，為求金銀、琉璃、車磲、馬瑙、珊瑚、虎珀、真珠等寶，入於大海，假使黑風吹其船舫，飄墮羅剎鬼國，其中若有乃至一人稱觀世音菩薩名者，是諸人等皆得解脫羅剎之難，以是因緣，名：觀世音。」

並說觀世音菩薩對世間災苦的種種濟度方便：「若復有人臨當被害，稱觀世音菩薩名者，彼所執刀杖尋段段壞而得解脫。若三千大千國土滿中夜叉羅剎，欲來惱人，聞其稱觀世音菩薩名者，是諸惡鬼尚不能以惡眼視之，況復加害？設復有人若有罪、若無罪，杻械、枷鎖檢繫其身，稱觀世音菩薩名者，皆悉斷壞，即得解脫。若三千大千國土滿中怨賊，有一商主將諸商人齎持重寶，經過嶮路，其中一人作是唱言：『諸善男子勿得恐怖，汝等應當一心稱觀世音菩薩名號，是菩薩能以無畏施於眾生。汝等若稱名者，於此怨賊當得解脫。』眾商人聞，俱發聲言：『南無觀世音菩薩！』稱其名故，即得解脫。」

同品的偈頌中，更是詳述了觀音菩薩對消除眾生各種危難災害的方便救度：

「假使興害意，推落大火坑，念彼觀音力，火坑變成池。或漂流巨海，龍魚諸鬼難，念彼觀音力，波浪不能沒。或在須彌峰，爲人所推墮，念彼觀音力，如日虛空住。或被惡人逐，墮落金剛山，念彼觀音力，不能損一毛……咒詛諸毒藥，所欲害身者，念彼觀音力，還著於本人……若惡獸圍遶，利牙爪可怖，念彼觀音力，疾走無邊方。蚖蛇及蝮蠍，氣毒煙火燃，念彼觀音力，尋聲自迴去。雲雷鼓掣電，降雹澍大雨，念彼觀音力，應時得消散。眾生被困厄，無量苦逼身，觀音妙智力，能救世間苦。具足神通力，廣修智方便，十方諸國土，無剎不現身。種種諸惡趣，地獄鬼畜生，生老病死苦，以漸悉令滅。真觀清淨觀，廣大智慧觀，悲觀及慈觀，常願常瞻仰。無垢清淨光，慧日破諸闇，能伏災風火，普明照世間。悲體戒雷震，慈意妙大雲，澍甘露法雨，滅除煩惱焰。諍訟經官處，怖畏軍陣中，念彼觀音力，眾怨悉退散。妙音觀世音，梵音海潮音，勝彼世間音，是故須常念。念念勿生疑，觀世音淨聖，於苦惱死厄，能爲作依怙。具一切功德，慈眼視眾生，福聚海無量，是故應頂禮。」

在《覺禪鈔》卷三十九〈聖觀音〉中並記載有觀音菩薩消除旱災及讓惡風猛雨停息的方法：「於直入海河、泉水岸上，面西安本尊像，供養香花。行者面東，誦（咒）三千遍，從此已後，此國土風雨順時，五穀成就」。又云：「更誦一萬遍，遶涅摩落花，於此境界，惡猛風雨停息，獻殘花也。」

而《白寶口抄》則說：「若每日晨朝於我像前，作曼荼羅，誦滿八千遍，應墮地獄而四重五逆一切重罪，無不消滅。」

◎聖觀音的形像

在胎藏、金剛界二界中，聖觀音分屬在不同地方：在胎藏界曼荼羅中分別在中台八葉院、蓮華部院（觀音院）、釋迦院、文殊院等四院，都名為觀自在菩薩。金剛界中則稱為金剛法菩薩。他們具有各自的形象。

聖觀音在觀音院（蓮花部院）的形象是：左手持未開敷的蓮華，右手作欲打開蓮華姿勢。左手所拿的蓮華，代表一切眾生本來自性清淨，但蓮華未開，正代表眾生為無明所覆，顛倒迷惑。

右手做欲打開蓮華狀，正代表以大悲功德，解除眾生的無始無明。這種聖觀音形象是較普遍的，一般所說的聖觀音，多指這尊在觀音院的觀自在菩薩。

除此之外，在中台八葉院西南方的觀自在菩薩，是頂戴寶冠有坐化佛，右手豎拳執開敷蓮花，蓮花向上伸至菩薩頭部右方，左手則豎掌向外。

在釋迦院的觀自在是右手向內持白拂（或赤拂），左拳叉腰。在文殊院的觀自在是右手仰掌置臍，左手豎掌屈食、中指，執開敷蓮華。而金剛界內，稱金剛法菩薩，也是左手持蓮華、右手作欲開勢，與觀音院的相同。

在這些形象之外，還有很多不同的持物、印相，代表菩薩大悲濟眾之方便。而此處所說的聖觀音，也就相當於中國佛教的觀世音菩薩。

此外，《白寶口抄》也引各經疏說，其手執白拂表拂一切不吉祥也。故千手經云：爲除身上惡障難，白拂手。長宴云：白拂者，拂弟子煩惱業苦之塵，令成佛也。信解品疏記云：塵沙無明拂去。

又說：種子、三形隨所求事可用之也。爲災禍除滅者字，白拂也。理趣釋云：能持此一字真言，能除一切災禍、疾病。白拂是拂除諸難義也，是息災門也。

⊙聖觀自在菩薩的種子字、真言

種子字：（sa）或（hrīḥ）

【真言】

唵① 阿嚕力迦② 莎訶③

① ② ③

oṃ① alolika② svāhā③

歸命① 無染著者② 成就③

南麼① 三曼多② 勃馱喃③ 薩婆怛他蘖多④ 阿縛路吉多⑤ 羯嚕儜⑥ 末耶⑦ 囉囉囉⑧ 吽⑨ 闍⑩

① ② ③ ④ ⑤ ⑥

⑦ ⑧ ⑨ ⑩

namaḥ① samanta② buddhānāṁ③ sarva-tathāgata④ avalo-kita⑤ karuṇa⑥ maya⑦ ra-ra-ra⑧ hūṁ⑨ jaḥ⑩

歸命① 普遍② 諸佛③ 一切如來④ 觀⑤ 悲⑥ 體⑦ 三垢也⑧ 解脫⑨ 從緣生法⑩

千手觀音

【特德】千手觀音以利益安樂一切眾生的廣大誓願，圓滿眾生一切世間、出世間的願求，尤其在平息災障的修法上特別相應。

千手觀音（梵名 Avalokitesvara-sahasrabhuja-lo-cana），全稱千手千眼觀自在；又稱千手千眼觀世音、千眼千臂觀世音、千手聖觀自在、千臂觀音、千光觀自在，或稱千眼千首千足千舌千臂觀自在。「千」，是代表無量、圓滿之義。在《千光眼觀自在菩薩祕密法經》中說：「大悲觀自在，具足百千手，其眼

千手觀音

亦復然，作世間父母，能施眾生願。」也就是「千手」象徵此觀音大悲利他的方便無量廣大，「千眼」象徵其度化眾生，觀察眾生機根的智慧圓滿無礙。

在過去無量億劫有千光王靜住如來出世時，因爲憐念一切眾生，所以宣說廣大圓滿無礙大悲心陀羅尼，觀世音菩薩一聞此咒，就從初地直超第八地菩薩境界，心得歡喜，所以發起身生出千手千眼，以利益安樂一切眾生的廣大誓願，並應時身上具足千手千眼，滿足眾生一切需求。

千手觀音能在息災、增益、降伏、敬愛鈎召等事業上，使眾生一切世間、出世間的希望皆能圓滿，尤其在平息災障的修法上，特別相應。而其大悲咒更是廣大爲佛教徒所持誦，其消災解危之效驗，自古以來時有傳聞。

在《千光眼觀自在菩薩秘密法經》及《大悲陀羅尼經》中記載，千手觀音的四十手中，代表息災法的手及持物如下：

1.寶鉢手

經云：若爲療愈腹中諸病，當於寶鉢手。鉢是三世諸佛所執持之寶，能盛貯飲食以施。釋迦善逝鉢底飯能治差比丘腹病；香積諸世界一鉢，能消融毗舍離心思之愚昧。菩薩本願慈悲，執持三世諸佛之寶鉢，放入微妙藥食，施與一切眾生，爲了治療腹中之病，使其平安。

此外，飲食妙藥入於腹中，能除去疾病增長色身，因此，如果腹中有諸病者，當持此手。

而且寶鉢表示平覆之義，能平復眾病。如果要成就此法者，可以用寶物造鉢，將要服用之藥放入寶鉢中，置於千手觀音尊前，一一持咒之，經一百遍再服之，如此可消腹中一切病氣，不能治肉身之病也能治心病。

又若腹中諸病，及身心寒熱等病，四大增損。如果以水、飲食、香等入於寶鉢，於本尊前持咒百八遍，除諸病得長命。

真言：唵 枳哩枳哩嚩日囉吽泮吒

2.楊柳枝手

經云：若爲身上種種病難者，當於楊柳枝手。楊柳者，生於池水浴池旁之生天長木，即表涼藥之義。以本願慈悲所熏習的樹王，來拂去一切眾生身上病即得痊癒。若欲成就此法者，取楊柳木折葉置於本尊前，作觀想念咒一百零八遍，而後以淨澄水和合，煮之，再灑於身上，則諸病即得除癒。菩薩現此手來利益諸病苦眾生，如經言：世間八萬四千病，悉治無不差。

又說：行者可取楊柳葉置於本尊前，念咒一百零八遍，洗浴身體，除癒四百四十種病。有謂病有三種：業病、四大不調病、鬼病此三種。

有云：療一切鬼病，用青柳枝；毗舍利國患鬼病時，觀音以楊枝淨水消除諸病。

真言：唵蘇悉地迦哩嚩哩哆喃哆目哆曳嚩日囉嚩日囉畔馱賀曩賀曩吽泮吒

3. 鉞斧手

經云：若爲一切時處離官難者，當於鉞斧手。又云：鉞斧者，是一種破官軍等的兵器，因觀音本願慈悲之故，執持此兵器表破難之義。譬如取鉞斧破一切無不摧破，若欲成就此事者，以鉞斧置於本尊前，作念誦咒，以鉞斧杵向其敵方振之，即得和平。

真言：唵味囉野味囉野薩嚩賀

4. 戟鞘手

經云：為辟除他方逆賊者，當於戟鞘手。或有說：戟鞘是一種柄長一丈六尺，其戟直刃傍有一曲刃的兵器或三叉鉾。行者可造鉾形，豎立於本尊前，念誦咒語，內可破除煩惱賊，外可降伏三賊，即王賊、怨賊、盜賊。

真言：唵糝昧野祇嚀賀哩吽泮吒

5.化佛手

經云：若為生生之處不離諸佛邊者，應當運用化佛手。以其手上安置有化佛的緣故有此名，而相應於有為而教化，有機緣即示現，如影隨形一般。今因觀音本願慈悲薰習之故，得諸佛現前三昧，而化覺者安置此手，表一切眾生不離佛邊，以行者若欲不離諸佛邊者，或是書寫或是造像皆得俱同安住。定此印像，安置於自身之上，憶念手相即得成就。就如同經中所言：當知其人是佛身藏，九十億恆河沙佛所愛惜之故。

真言：唵戰娜囉婆鞥吒哩迦哩娜祇哩娜祇哩柅吽泮吒

6.羂索手（右手始之）

經云：若為種種不安穩者，當以羂索手。所謂羂索，是擲取禽獸或繫縛難伏者的器具。在佛教中降伏惡魔的忿怒諸尊都常持此索，觀音菩薩也是如此，爲了摧伏、繫縛各種惡獸、邪鬼、遠拒難伏者，所以執持此索。如有遠拒難伏者，即以繩繫縛投於菩薩之處，以秘密索降伏一切。這是結縛守護之義。所以對於不安求安者，當以此手，爲了此利，所以示現第二手。若要成就此法者，則以五色線作索，安置於本尊前，手結手相，其索的二側末端結成蓮花及結成三鈷杵，並咒之三十四結繫於頂上，常得安穩。

又有教授說：所謂索者，是白索。羂索有二種，一種繫縛惡人，不令傾動；第二種是圍繞四邊作結界法之用，能去除怖畏，令得安穩。千手經說：若憂患畏懼、不安恐怖、出入驚怕者，取白線索，念咒三七遍，作二十一結繫於頭項，恐怖即除，非但去除恐怖，亦能得福。

真言：唵枳哩攞囉謨捺囉吽泮吒

7.白拂手

經云：若爲除去身上惡障難者，當以白拂手。觀音執持白拂，表拂去一切眾生的障難。欲成就此法者，應作一白拂，安置於本尊前，觀白拂手相，念咒一百零八遍，以白拂觸身來除去障難。譬如白拂掃去諸災障污穢，散除蚊虻。

又說：白拂是以白生絲製作而成。白淨之義爲正義，乃諸色之本，即本不生的義理。絲爲除義、保義，故染淨不二，邪正平等，以此實理，來除諸障難。行者作白拂，立於本尊前，念咒一百零八遍，觸自身來拂去諸障礙塵難，得到安穩。

真言：唵 鉢娜弭儜婆誐嚩帝 謨賀野惹誐謨賀儜薩嚩賀

8. 榜排手

經云：若爲辟除一切虎、狼、豺、豹諸惡獸者，當運用榜排手。或云：榜排者是取諸獸的形像，其形像如忿怒面，逆眉瞋目，一切見者無不怖畏，手持之表見怖之義。行者可作榜排形置於本尊前，作念誦咒者，不遇諸惡獸。又說：大般若音義中，榜排楯爲大國楯文圖繪物形，或作神形、或龍形、或鬼面。觀音所持榜排多爲鬼面。

真言：唵 藥葛釤曩那野 戰捺羅 達耨播哩野 跛舍跛舍 薩嚩賀

⊙千手觀音的形像

千手觀音的形像，在各種經軌中所載並不相同：

1.據《千眼千臂觀世音菩薩陀羅尼神咒經》卷上、《千手千眼觀世音菩薩姥陀羅尼身經》所說，是身作檀金色，一面千臂。《千手千眼觀世音菩薩姥陀羅尼身經》中另說，千臂中十八臂的印相持物。

2.依《千光眼觀自在祕密法經》所說，身是黃金色，於紅蓮華上半跏趺坐，有十一面四十手。十一面中，當前三面作菩薩相，本面有三目，右邊三面作白牙向上相，左邊三面是忿怒相，當後一面爲暴笑相，頂上一面作如來相。

3.依《攝無礙經》中所說，是身金色，千臂千眼，有五百面。

4.依《世尊聖者千眼千首千足千舌千臂觀自在菩提薩埵怛嚩廣大圓滿無礙大悲心陀羅尼》所說，爲千眼、千頭、千足、千舌、千臂之相。

5.依現圖胎藏界曼荼羅中所說，有二十七面千臂，結跏趺坐於寶蓮華上。千手中，有四十手（或四十二手）各持器杖，或作印相，其餘各手不持器杖。

其中，千手觀音的「十一面」代表滿足十地十波羅蜜的菩薩境界，而證得第十一地的妙覺位，與十一面觀音相同。「五百面」即相應於千臂千眼之意。

至於「二十七面」，經軌並未述及，似出自《祕藏記》。或以二十七面表示濟度二十五種存有眾生的二十五面，加上本面與本師阿彌陀佛共二十七面。或是說十波羅蜜中，前六度各開三種，後四度各開二種，合爲二十六面，再加本面而成二十七面。

有關「千臂」的說法，依《千光眼觀自在菩薩祕密法經》所述，「千手」表示四十手各濟度二十五種存有眾生（即一種存有眾生配上四十手、四十眼），合爲千手千眼。可知所謂的「千臂」，並不一定要具足千臂，只要具四十臂即可。

⦿千手觀音的種子字、真言

種子字：[Siddham glyph]（hrīḥ）或 [Siddham glyph]（sa）

【真言】

唵① 縛日羅② 達磨③ 紇哩④

ॐ① ब ज्र② ध र्म③ ह्रीः④

oṃ① vajra② dharma③ hrīḥ④

歸命① 金剛② 法③ 紇哩（種子）④

十一面觀音

【特德】 十一面觀音的神咒能令一切諸魔、鬼神所生的障難不起，現身得十種勝利。

十一面觀音（梵名 Ekadasa-mukha），梵名的意譯爲十一最勝，或十一首。爲六觀音之一，全稱爲十一面觀音菩薩，是觀世音菩薩的化身。有時又稱爲大光普照觀音。

據《佛說十一面觀世音神咒經》記載：「時觀世音菩薩白佛言，世尊，我有心咒，名十一面。此心咒十一億諸佛所說，我今說之，爲一切眾生故，欲令一切

十一面觀音

眾生念善法故，……欲除一切諸魔鬼神障難不起故。」

此十一面觀音神咒，有廣大威勢力，能消除眾生種種災障。據《十一面神咒經》中說：至心繫念，每晨朝時如法清淨。念誦此咒一百八遍，若能如是，現身獲得十種勝利：一者、身無病。二者、恒爲十方諸佛持受。三者、財寶衣食受用無盡。四者、能伏怨敵而無所畏。五者、令諸尊貴恭敬先言。六者、蠱毒惡魅不能中傷。七者、一切刀杖所不能害。八者、水不能溺。九者、火不能燒。十者、終不橫死。

經中又說，如果有人能一日不食，一夜清齊念誦，即能超四萬劫生死。一切有情纔稱念其名，即超過稱誦百千俱胝那庾多如來名號的功德，皆得不退轉，離一切病患，免一切夭死災橫，遠離身、口、意不善行，若能依教相應作意觀行，佛菩薩如在掌中。

而有關十一面觀音之十一面，在《顯無邊佛土功德經》中說，十一面觀音又稱十一佛，當前三面大慈相，分別是釋迦世界能寂佛，安樂世界無礙光佛，袈裟幢世界金剛堅固歡喜佛。

十一面觀音

左邊三面大悲相，是不退輪音極妙圓滿紅蓮敷身佛，絕塵世界法幢佛，燈明世界師子佛。

右邊三面白牙相，是莊嚴世界一切神通慧光佛、鏡輪世界月覺佛、普賢世界賢首佛。

當後佛面暴笑相，是難超世界身放法光佛，最上佛面願滿足，是妙覺世遍照如來也。

至於此十一面的功德利用，在《覺禪抄》中則引「十一面觀音悔過文」說：南無當前三面慈悲相，南無前三慈面求如意，南無前三悲面除鬼病；南無左邊三面瞋怒相，南無左三面伏怨賊；南無右邊三面白牙相，南無當後一面暴笑相，南無頂上一面如來相，南無頂上佛面除疾病，南無最上佛面願滿足。

又說，「若國土中人畜疫起，一咒一結置最上佛面頂上，能令疫病一切消除。

同抄又說：「若依此經所說，可言佛面頂上除疫病且依聲明，唱頂上佛面願滿足者。經云：（室羅筏）從最上面口中出聲，讚行者言：『善哉！善哉！善男子，汝能如是勤求願，我當令汝所願滿足。』若依此等文，古人云頂上佛面除疫病，最上佛面願滿足歟。」

而十一面中，當前三面寂靜相，是東方大圓鏡智功德，是不動佛本來寂靜故，表息災之義。

◎十一面觀音的形像

十一面觀音依據《十一面觀世音神咒經》中所說，其形像為：「身長一尺三寸，作十一頭，當前三面作菩薩面，左廂三面作瞋面，右廂三面似菩薩面，狗牙上出，後有一面作大笑面，頂上一面作佛面，面悉向前，後著光。又，其十一面戴花冠，其花冠中各有阿彌陀佛。觀世音左手把澡瓶，瓶口出蓮花；展其右手以串瓔珞，施無畏手。」

十一面觀音的十一面，各有其特殊的象徵意義。十一面中，前三面為大慈相，是菩薩見到行善眾生時，生出慈心的大慈與樂相。左三面為大瞋相，是見到行惡眾生時，生出悲心的大悲救苦相。右三面白牙上出相，是見到淨業眾生時，所發出的讚嘆、勸進相。最後一面是暴笑面，是見到善惡雜穢眾生時，為使其改惡向道所生的怪笑相。頂上的佛面，是爲修習大乘的眾生所作的說法相。

但是古來所見圖像，與經中所載或多或少都有一點差異，其十一面的配置有種種不同，並有二臂、四臂、八臂的差異。

十一面觀音的三昧耶形爲軍持，即是澡瓶，又稱爲賢瓶，此甘露賢瓶者，其中盛滿大悲甘露智水，能除滅一切眾生之煩惱熱火，療治眾生病苦，在《集經》卷十二中說：「坐主名十一面觀尊，蓮花坐上作寶瓶，光焰圍繞。」又說：「甘露印第一種種疾病皆以此印印病處，至心誦咒即得除癒。」或是將 ka 字成軍持，將 hrīḥ 字觀想成蓮花之十一房，或 ka 字成軍持，軍持中有十一個 hrīḥ 字，軍持中有悲水，是甘露水也。或說軍持內甘露水中有白色 hrīḥ 字。

◎十一面觀音的種子字、真言

種子字：ka（ka）或 sa（sa）或 hrīḥ（hrīḥ）

【真言】

唵① 摩訶② 迦嚕尼迦③ 娑縛訶④

oṁ① mahā② kāruṇika③ svāhā④

歸命① 大② 悲③ 成就④

嗡① 嚕雞② 入縛羅③ 紇哩④

oṁ① loke② jvala③ hrīḥ④

歸命① 世間② 光明③ 紇哩（通種子）④

準提觀音

【特德】 修持準提法能滅罪轉除災害、病疫、五星逵逼等種種災障，福慧增長。

準提觀音（梵名Cundī），又作准提，意譯爲清淨。又稱爲准胝、准提菩薩、准提佛母、佛母準提、尊那（Sunda，輝麗之義）佛母、七俱胝佛母等。是以準提咒而普爲顯密佛教徒所共知的大菩薩，能爲眾生消災解厄、護命延壽。爲六觀音之一，以救度人間眾生爲主，在天台宗又被稱爲天人丈夫觀音。密號爲最勝金剛。

關於其「七俱胝佛母」之名（梵名Sapta-koṭi-buddha-mātṛ），則出自《七俱胝佛母准提大明陀羅尼經》，該經中有「過去七俱胝准提如來等佛母准提陀羅尼」之語。七俱胝即七千萬，有時七俱胝佛母又被稱爲三世佛母，這和文殊菩薩被稱作三世佛母是同樣的意義。但是「準提佛母」的說法主要是來自七俱胝佛母，是三世諸佛之母的意思，又稱爲三界母或世母（世間的母親）。

在《佛說七俱胝佛母心大准提陀羅尼經》中說：佛在舍衛國祇樹給孤獨園時，思惟觀察，愍念未來諸眾生的緣故，而宣說七俱胝佛母心准提陀羅尼法，這也就是佛教徒常誦持的「準提咒」。

關於持誦準提咒的殊勝功德，依據《七俱胝佛母准提大明陀羅尼經》等相關

準提觀音

經典中記載，誦持準提陀羅尼，可得光明觸照，所有罪障皆消滅，福慧增進，並得諸佛菩薩之庇護，生生世世離諸惡趣，速證無上菩提。

並說：若有比丘、比丘尼、優婆塞、優婆夷受持讀誦此陀羅尼，滿八十萬遍，無量劫來所造五無間等一切諸罪，皆悉消滅。所在生處，皆得值遇諸佛菩薩，所有資具，隨意充足。生生常得出家，具持菩薩律儀淨戒，恆生人天。不墮惡趣，常爲諸天之所守護。若有在家善男女等誦持之者，其家無有災橫、病苦之所惱害。

又記載有種種誦咒後的滅罪之相，如若有誦此陀羅尼咒滿十萬遍，夢中得見諸佛菩薩、聲聞、緣覺，自見口中吐出黑物。若有重罪，誦滿二十萬遍，夢中亦見諸佛菩薩，亦復自見吐出黑物。若有五逆罪，不得如是善夢之者，宜應更誦滿七十萬遍，是時還得如前之相，乃至夢見吐出白色如酪飯等，當知此人即是罪滅，清淨之相。

又說：「若有修真言之行出家、在家菩薩，誦持此陀羅尼，滿九十萬遍，無量劫造十惡、四重、五無間罪，悉皆消滅，所生之處，常遇諸佛菩薩，豐饒財寶，常得出家。若是在家菩薩，修持戒行堅固不退，誦此陀羅尼常生天趣，或於人間常作國王，不墮惡趣，親近賢聖，諸天愛敬擁護加持，若營世務無諸災橫，儀容端正，言音威肅，心無憂惱。若出家菩薩具諸禁戒，三時念誦，依教修行，現生所求出世間悉地定慧現前，證地波羅蜜，圓滿疾證無上正等菩提。」

在《白寶口抄》中則引諸經軌說：「不空軌云，滅罪轉除災害、病疾、五星淩逼、悉皆除滅。日照譯經云，所有資具隨意充足，乃至下生人間當爲帝王家子，或貴族家生。其家無有史橫、病苦之所惱、不墮三惡道趣。復次有一法，若在路夜行，念誦不闕，無有賊盜及虎狼、惡鬼魅等怖畏。若欲往渡江河、大海，誦咒而渡，無有水中惡獸等難。金剛智譯經云：復有一法，若有王難被繫閉、枷鎖禁其身者，誦此陀羅尼即得解脫。」

以此尊爲本尊之修法，稱爲準提法、準提獨部法，常爲消災除厄、祈求聰明、治病等所修的法門。而在《準提法要》中，則依經軌舉出消除雨水過多、或過少的方法：若大旱可於中夜燒安息香結印，敕五方龍，速令降雨，若三七日雨不降者，即須以沈香尅五箇龍，各長九寸，隨方五色，各安壇上。更七日，依法念誦，即得降雨。若須晴，即仰面向天，誦陀羅尼八十一返。

此尊有布字法傳世。而經中尚提及修准提法需立一鏡壇，即一般所說的准提鏡，此鏡壇即是本尊壇，可隨身配戴或供於佛壇。

⊙準提菩薩的形像

準提菩薩的圖像，有二臂、四臂……至八十四臂等九種。不過，一般佛教徒所供奉的圖像，大抵以十八臂三目者爲多。

依據《七俱胝佛母所說准提陀羅尼經》所載，准提佛母身呈黃白色，結跏趺坐於蓮花上，身佩圓光，著輕穀衣，上下皆爲白色，有天衣、角絡、瓔珞、頭冠。十八臂皆螺釧，面有三目，上二手作說法相，右第二手作施無畏，第三手執劍，第四手持寶鬘，第五手掌上置俱緣果，第六手持鉞斧，第七手執鉤，第八手執金剛杵，第九手持念珠；左第二手執如意寶幢，第三手持開敷紅蓮花，第四手軍持，第五手羂索，第六手持輪，第七手商佉，第八手寶瓶，第九手掌上置般若梵篋。

而在《白寶口抄》中則說，右第六手持鉞斧，表以鉞斧破一切，無不摧破。是摧破無明、難斷惑障表無餘也。

左第八手執跋折羅，唐家風俗以獨股杵名金剛杵，以三股號跋折羅。今三股杵者，摧滅三毒，顯三部諸尊，是三部佛母故也。

而第七手持商佉（螺），表是諸法利生義也，法華經云：吹大法螺、擊大法鼓、演大法義。胎藏軌，手持商佉，說寂滅如法。又表師子聲，師子吼時山野獸類皆被降伏，今以螺大聲，令降伏眾生煩惱、惑障類義也。

另於《阿娑縛抄》所舉爲八臂像：立像頂上安置化佛，二手合掌，左第二手蓮華，第三手索，第四手掌向外，指先下垂。右第二手握錫杖，第三手白拂，第四手如左。

西藏所傳的準提觀音有四臂像，結跏趺坐於蓮花上，左右之第一手安於膝上持鉢，右第二手下垂，作施無畏印，左第二手屈於胸前，執蓮花，花上安置一梵篋。

又據《大明陀羅尼經》記載之准提求願觀想法，行者依所求不同，可觀二臂、六臂、八臂、或八十四臂：「若求不二法門者，應觀二臂。若求四無量，當觀四臂。若求六通，當觀六臂。若求八聖道，當觀八臂。若求十波羅蜜圓滿十地者，應觀十臂。若求如來普遍廣地者，當觀十二臂。若求十八不共法者，應觀十八臂，即如畫像法觀世。若求三十二相，當觀三十二臂。若求八萬四千法門者，應觀八十四臂。」

⊙準提觀音的種子字、真言

種子字：（bu）

【真言】

根本真言

南無① 颯哆喃三藐三勃陀俱胝南② 怛姪他③ 唵④ 折隸⑤ 主隸⑥ 准提⑦ 莎訶⑧

namaḥ① saptānāṁ-samyaksambuddha-koṭīnāṁ② tadyatā③ oṁ④ cale⑤
cule⑥ śundhe⑦ svāhā⑧

歸命① 七千萬正等覺② 即説③ 唵④ 覺動⑤ 起昇⑥ 清淨⑦ 成就⑧

第二根本印

唵① 迦麼黎② 尾麼黎③ 准泥④ 娑嚩賀⑤

𑖌𑖼① 𑖎𑖦𑖩𑖸② 𑖪𑖰𑖦𑖩𑖸③ 𑖫𑖲𑖡𑖿𑖠𑖸④ 𑖭𑖿𑖪𑖮𑖯⑤

oṁ① kamale② vimale③ śundhe④ svāhā⑤

歸命① 蓮華② 無垢③ 清淨④ 成就⑤

不空羂索觀音

【特德】不空羂索觀音以慈悲心為索，度化一切眾生，修其法能防止天災地變，拔諸病苦，護國佑民。

不空羂索觀音（梵名 Amogha-pāśa），梵名音譯爲阿謨伽皤捨，全稱爲不空羂索觀世音菩薩；又稱不空王觀世音菩薩、不空廣大明王觀世音菩薩、不空悉地王觀世音菩薩、不空羂索菩薩，密號爲等引金剛。

不空羂索觀音一名中的「不空」（Amogha），意爲不空，是指心願不空之意。「羂索」（pāśa）原是指古代印度在戰爭或狩獵時，捕捉人馬的繩索。以「不空羂索」爲名，是象徵觀世音菩薩以慈悲的羂索，救度化導眾生，其心願不會落空的意思。《白寶口抄》中說，此尊本誓悲願之羂，張煩惱之原野、懸流，轉眾生鳥，大悲利生之索，垂生死苦海，鉤沈淪有情魚，濟度無漏，攝取不空，故

不空羂索觀音

名不空羂索也。而其亦以羂索爲三昧耶形。

依《不空羂索神變真言經》所傳，在過去第九十一劫最後劫，觀世音菩薩曾經接受世間自在王如來的傳授，而學得不空羂索心王母陀羅尼。並於初得此陀羅尼時，即證得十百千不空無惑智莊嚴首三摩地門，由此真言之力，現見十方無量無數種種刹土諸佛如來所有會眾，而皆供養聽聞深法，輾轉教化無量有情，皆得發趣無上菩提。此後，觀世音菩薩即常以該真言教法，化導無量百千眾生。因此，當觀世音菩薩示現化身，以此法救度眾生時，便稱爲不空羂索觀音。

依經典所載，凡是如法受持不空羂索心王母陀羅尼的人，現世可得無病、已得財寶不爲盜賊所劫掠、不爲水火所漂焚、苗稼無風雨蟲害、不被諸惡鬼奪其精氣、不怖怨仇、怨仇速疾和解、不畏人、非人等所侵害、無有猛利煩惱、火刀毒藥傷害不死、諸天善神常擁護等二十種功德，臨終也可得無病痛、觀音蒞臨勸導等八種利益，甚至於可以護國佑民、防止天災地變等功德。

此外，在相關經軌中，尚傳有消除旱災、水災的祈雨、止雨法及除諸病苦的法門，可拔除眾生種種災苦，增長福德。

另於《白寶口抄》中，記載有不空羂索觀音挽救國家免於衰亡命運的故事，據其描述：

在南印度有一小國，名摩訶賴仛，其土風俗有恩必報，有怨必報。在過去此國曾荒廢、衰傾，君臣壽命不保，人民損失大半。於是遣使迎請中天竺尸利蜜多，祈盼能解救國家的災難。

尸利蜜多來到此國後，就對其王言：「有大聖名不空羂索觀自在，大王可造像安置於城西南閣。」王依其言，即造像安置於城西南閣。只見其俱放光明，照一由旬，從此王臣保壽、五穀豐饒，人民又逐漸繁盛。

◉不空羂索觀音的形像

此尊尊形有多種不同形像，依《不空羂索神變真言經》所述，其形一面四臂，面目熙怡，首戴寶冠，冠有化佛，四臂除有一手揚掌外，餘三手分別執蓮華、羂索、三叉戟。同經亦列有三面六臂像，說其正面熙怡，左面顰眉怒目張口，上出獠牙，右面顰眉怒目合口。首戴寶冠，冠有化佛；各手執蓮華、羂索、三叉戟；一手施無畏，一手舉掌，結跏趺坐，坐蓮華上。

此菩薩在胎藏曼荼羅觀音院內，形相為三面四臂，每面皆有三目，正面肉色、右面青色、左面黑色，表三德之意。左第一手持蓮華，第二手攜羂索，右第一手持念珠，第二手執軍持。並披有鹿皮袈裟。

另外有一面三目十八臂、一面四臂（或三十二臂）、三面二臂（或四臂、六臂、十臂、十八臂）等等，最普遍的應是一面三目八臂像，其形相如下：

眉間白毫上豎有一目，左右一手合掌當胸，左次手持蓮花，次手於膝上持羂索，第四手作與願印；右第二手持錫杖，第三手於跏上持白拂，第四手作與願印，垂諸指仰掌，左右相對作同印不持物。二足以左安右上，著鹿皮袈裟。

此外，在《白寶口抄》中另舉有一面十八臂像為：身金色，結跏趺坐，面貌熙怡，首戴寶冠，冠有化佛。二手當胸合掌；二手當臍倒垂合掌，以二大拇指雙屈掌中；二手心下合腕，左手五指各散微屈，像開蓮花，右手大拇指與中指頭相捻，其頭指、無名指、小指各散微屈；二手臍下結羂索印；一手把三叉戟，一手執寶幢，一手持開蓮花，一手執不空梵甲，一手把羂索，一手執金剛鉢，一手施無畏，一手執君持，一手持寶瓶，一手掌寶花盤。被鹿皮衣，七寶瓔珞莊嚴之，身光焰。

◎不空羂索觀音的種子字、真言

種子字：（mo）或（sa）或（hūṃ）

【真言】

蓮華羂索

唵① 阿謨伽② 跛娜摩③ 播捨④ 矩嚕馱⑤ 羯囉灑野⑥ 鉢囉吠捨野⑦ 摩訶跛輸跛底⑧ 焰麼⑨ 嚩嚕拏⑩ 矩吠囉⑪ 沒囉憾麼⑫ 吠灑馱囉⑬ 跛那麼矩攞⑭ 三麼琰⑮ 吽吽⑯

oṃ① amogha② padma③ pāśa④ kodhā⑤ karṣayā⑥ praveśaya⑦

mahā-pacupati⑧ yama⑨ varuṇa⑩ kuvera⑪ brahma⑫ veṣa-dhara⑬ pad-
makula⑭ samayaṃ⑮ hūṃ hūṃ⑯

歸命① 不空② 蓮華③ 羂索④ 忿怒⑤ 作業⑥ 遍入⑦ 大獸主⑧ 焰魔（神名）⑨ 水天⑩ 矩吠囉（神名）⑪ 梵天⑫ 持被衣⑬ 蓮華部⑭ 平等⑮ 吽吽（種子）⑯

隨作事成就真言

唵① 阿慕伽② 毗闍耶③ 吽泮吒④

oṃ① amogha② vijaya③ hūṃ phaṭ④

歸命① 不空② 最勝③ 滿願破壞④

如意輪觀音

【特德】 如意輪觀音能使眾生解脫水火、刀兵、天變、惡獸、非人之侵凌，消除罪障，使國土風調雨順，一切勝福事所求如意。

如意輪觀音（梵名 Cintāmaṇi-cakra），梵名音譯爲振多摩尼。其尊名中的 cintā是思惟、所望、望願的意思，mani 爲寶珠之義，cakra 可譯作圓、或輪。因此意譯爲所願寶珠輪或如意珠輪，而自古以來多譯作如意輪、如意輪王。以此菩薩可如意出生無數珍寶，即住所謂「如意寶珠三昧」，常轉法輪，攝化有情，如願授與富貴、財產、智慧、勢力、威德等而名之。全稱爲如意輪觀世音菩薩，又稱作如意輪菩薩、如意輪王菩薩。密號持寶金剛或與願金剛，爲密教如意輪法的本尊，在六觀音或七觀之中，都有此尊，於六道中是度化天界眾生的觀音，相當於大梵深遠觀世音菩薩。

如意輪觀音

如意輪觀音及其如意輪陀羅尼，除了能使眾生於一切勝福事所求如意外，更能消除眾生種種罪障、疾苦，使國土風調雨順。

依《如意輪陀羅尼經》所說，過去世時，觀世音菩薩曾得到世尊的加持，而宣說如意輪陀羅尼。此一陀羅尼有大威神力，當觀自在菩薩摩訶薩說此陀羅尼明時，大地山林六返震動，一切天宮、龍宮、藥叉宮、羅刹宮、乾闥婆宮、阿素落宮、迦樓羅宮、緊那羅宮、摩呼羅迦宮皆大震動。種種諸惡大力鬼神、毗那夜迦作障礙者，皆大戰悚。諸魔宮殿普大火起，是中魔王及魔眷屬生大怖懼。一切鄙惡龍女、神女、鬼女、藥叉女、羅刹女、乾闥婆女、阿素落女、迦樓羅女、緊那羅女、摩呼羅伽女一時惶怖悶亂躄地。一切地獄皆自門開，是中一切罪報有情皆得解脫，盡生天界受勝安樂。

因此，佛陀也說深妙偈，讚歎觀自在菩薩摩訶薩說：善哉！善哉！善男子，汝能愍念諸有情，說是如意陀羅尼，拯濟有情大勝益；令信受者銷諸罪，當超三界證菩提，隨方若有修持者，世出世願皆圓滿。

關於受持此如意輪陀羅尼的功德利益，在《如意輪陀羅尼經》〈破業障品〉

中詳述，若有如法精進修持者，所有過現五無間罪，極惡業障自然消滅，當見種種諸大善夢，當知此則罪滅之相。而一切諸明、神通威力無能及此如意輪陀羅尼明神通力者。

是陀羅尼如果有能信、受持之者，過去現在造積四重五逆十惡罪障，應墮阿毗地獄之者，悉能消滅。若一日二日三日四日，乃至七日，熱病、風病、痰病、蠱毒、厭禱，疔瘡、疥癩、癲癇……一切疾病，種種災厄，魍魎鬼神，由經誦念，皆得除滅。一切藥叉、囉刹、毗那夜迦、惡神鬼等悉不能害。刀兵、水火、惡風、雷雹、王難、賊難、怨讐等難，不相橫害。一切惡相蠱福之業、惡星變怪皆自消滅。蚖蛇、蝮蝎、守宮、蜘蛛、師子、虎狼一切惡獸亦不相害。若有軍陣、鬪戰、官事諍訟由明成就，皆得解脫。若常五更誦此陀羅尼一千八十遍者，如上諸事皆得解脫自在如意。

若能每日六時別誦此陀羅尼一千八十遍者，聖觀自在夢覺現身，住是人前告言，善男子勿怖，欲求何願一切施汝……或見自身內外清淨，或見國王大臣恭敬供養，或見自身過世所造一切罪障皆得消滅，當知斯人當捨命後不受胎生，蓮花化生身相端好，著天衣服而自莊飾，生生之處，識宿命智乃至菩提，更不墮於三惡道中，恒與一切諸佛菩薩同一生處，住不退地。

同經中也記載：是祕密如意輪陀羅尼明，有三種藥，一者佩藥、二者含藥、三者眼藥。

言佩藥者……隨藥所現煖、煙、增、光等相之不同，或一切人民愛敬遵崇教命，或得安怛陀那自在成就；或福德增壽，一切鬼神怖不相嬈，魍魎諸病皆得除差；或證神通明仙之位，或一切災厄、宿障、五無間罪應墮阿毗地獄者，亦皆消滅。……水難、火難、刀杖、毒藥、蠱毒、咒咀，虎狼、毒蟲悉不災害。設復有人臨當刑戮，以藥熏佩，由藥勢力，刀尋段壞而得解脫。若復有人杻械枷鎖、禁繫牢獄，以藥熏佩，而得解脫。

含藥者，若依法虔心修製，或除口諸疾病，或消諸災障語業清淨，或壽命增遠，魍魎鬼神見皆怖走……等等，成就種種利益。

而眼藥者，則有除種種病惱、作障者，一切怨難、兵陣、鬥諍皆得勝利，一切惡夢災怪，不吉祥相悉皆除滅、威光如日破諸黑闇，乃至見十方一切諸佛菩薩聖眾淨佛國土等功德。

此外，經中尚有祈雨、止雨法，可解除旱澇之災：「若天亢旱，以白芥子和酥，三日三夜如法護摩，則降甘雨。若多霖雨，取護摩灰，仰觀空中，明一百八遍，上散空中，其雨即晴。若災風、雹雨卒暴起時，用護摩灰，明一百八遍，望向散之，風雹即止。」

因此，如法修持如意輪陀羅尼，除能具足一切世出世間資糧、勝福成就外，也能消災解厄、除種種風雨雷難、惡星怪事、惡鬼、盜賊難，並滅諸罪障。

如意輪觀音的形像，種類甚多。計有二臂、四臂、六臂、八臂、十臂、十二臂等多種，比較常見的是六臂像。

其中二臂像或有作頭上戴寶冠，冠上安置化佛，左手垂置膝上，右手屈臂仰掌，著緋色袈裟，當三重大白月圓光中，垂左腳，坐海中石山青蓮華上。或有左手執摩尼珠，舒右手結施願印，身白紅色，坐大蓮華上。

至於常見的六臂像，在《觀自在菩薩如意輪瑜伽》中記載：「六臂身金色，皆想於自身，頂髻寶莊嚴，冠坐自在王（彌陀），住於說法相。第一手思惟，愍念有情故。第二持（如）意寶，能滿一切願。第三持念珠，爲度傍生苦。左按光明山，成就無傾動。第二持蓮手，能淨諸非法。第三挈輪手，能轉無上法。六臂廣博體，能遊於六道，以大悲方便，斷諸有情苦。」

此外，也有作頭上戴寶冠，冠上安置化佛，左第一手開寶華，第二手金色盤，第三手開紅蓮；右第一手跋折羅（金剛杵），第二手降魔印，第三手向臍下，於寶蓮上結跏趺坐，又頭上兩邊有天女呈散花之姿的造形。

另外，還有將此六臂與六觀音並配於六道的說法：右第一思惟手，配聖觀音，救濟地獄道受苦眾生；第二如意寶珠手、配千手觀音，救餓鬼道饑饉苦；第三念珠手，配馬頭觀音，度畜生道鞭撻苦。左第一光明山手，配十一面觀音，救阿修羅鬥爭苦；第二蓮華手，配準提觀音，教化人道；第三金剛手，配如意輪觀音，破天道之有。

由於如意輪觀音，歷代以來甚受崇敬，自古以來南海諸國也有不少信仰者，因此有不少造像留存，如敦煌千佛洞即有六臂如意輪觀音之繪像，而於錫蘭、爪哇、日本等國亦存有此菩薩之各種造像。

以如意輪觀音爲本尊，爲福德增起、意願滿足、諸罪滅滅、諸苦拔濟等動機所修之法，稱爲如意輪觀音法，或如意寶珠法。另依《七星如意輪祕密要經》所載，佛在世時，俱尸羅大國興兵圍迦夷城，波斯匿王向佛求護，佛遂教其建立如意寶輪般多羅道場七星火壇，如法修持，賊眾自然退散，因此歷來多修此法以退治逆賊。此外尚有以如意輪觀音爲主尊而建立之曼荼羅，稱之爲如意輪曼荼羅（詳見佛教小百科3，《密教曼荼羅圖典㈠》第一四六頁）。在胎藏曼荼羅中，此尊位列觀音院，三昧耶形爲如意寶珠，印相爲如意輪觀音印。

⊙如意輪觀音的種子字、真言

種子字：[siddham]（hrīḥ）

【真言】

中咒

唵① 跛娜麼② 振多麼抳③ 入嚩攞④ 吽⑤

[siddham]① [siddham]② [siddham]③ [siddham]④ [siddham]⑤

oṁ① padma② cintā-maṇi③ jvala④ hūṁ⑤

歸命① 蓮華② 如意寶珠③ 光明④ 吽（摧破之義）⑤

小咒

唵① 縛羅那② 跛納銘③ 吽④

oṁ① varaṇa② padme③ hūṁ④

歸命① 與願② 蓮華③ 吽（摧破之義）④

葉衣觀音

【特德】 葉衣觀音能除諸有情之疫疾飢儉、劫賊刀兵、水旱不調、宿曜失序等一切災禍，使福德、國界豐盛，人民安樂。

葉衣觀音（梵名 Parṇaśavari）是披葉衣的意思。又稱爲葉衣觀自在菩薩、被葉衣觀音、葉衣菩薩。是觀音的變化身之一，在三十三觀音中爲第三十二尊。因全身裹於蓮葉中，所以稱葉衣觀音。

據《葉衣觀自在菩薩經》所述，葉衣觀自在菩薩摩訶薩陀羅尼，乃觀自在菩薩在極樂世界的法會中，應金剛手菩薩的請求而宣說的。經中並說此陀羅尼不但能除諸有情之疫疾飢儉、劫賊刀兵、水旱不調、宿曜失序等一切災禍，並有增長福德、國界豐盛、人民安樂等等殊勝功德。

在經中並詳載有種種消災之法。如：若誦（陀羅尼）五遍，可護一國界。又說，「若國內疫病流行，則應取白疊闊一肘半，長二肘，先令畫人潔淨齋戒，以瞿摩夷汁和少青碌。以香膠和，勿用皮膠。取鬼宿日，畫葉衣觀自在菩薩像。……畫像成已，懸於竿上，令一人執持。執竿之人無間斷誦葉衣觀自在菩薩陀羅尼，聲鼓鳴磬。所擊之杖用樀枳王真言（唵　樀枳吽弱）加持二十一遍，方乃擊之。真言曰：

「又令二人誦讚，一人誦吉慶讚，一人誦吉祥讚。令知法弟子三五人，一人持香爐燒安悉香，其香以葉衣觀自在菩薩心真言加持一百八遍，然後取燒，香煙勿令斷絕。一人持賢瓶，滿盛香水，插華菓、樹枝。令持瓶人在前，先行引像。二人吹蠡，引入王宮，有旋一匝；南門而出，復從東入，卻遶城內坊市一匝，便城南門出。城南門外，置一大水瓶，於中置種種飲食雜菓及麨。阿闍梨誦妙色身如來真言加持七遍，然後誦葉衣觀自在菩薩陀羅尼七遍，於真言句中，稱國王名號加持，願國王界無諸災難。然後於路側曠野，棄擲水瓶令破。作是告言：閻摩界中行病鬼等，汝等受領此飲食，復道而歸。於諸有情起大慈心，令此國界無諸災難。」

此外又詳列有二十八大藥叉將之真言，若如法修持，則二十八大藥叉將不敢違越諸佛、觀自在菩薩及金剛手菩薩教敕，晝夜擁護，臥安覺安，獲大威德。若有國王作此法者，其王境內災疾消滅，國土安寧，人民歡樂。

並說，「又法應畫本生宿直，每月供養，若作如是法者，惡宿直轉成吉祥。以白檀香刻作葉衣觀自在菩薩像，並於樺皮上書此真言共帶，若作此法，取鬼宿直日受灌頂，其灌頂瓶以繒繫項，滿盛香水，水中著七寶及五種藥，所謂娑訶者

葉衣觀音

囉等、娑訶泥嚩、建吒迦哩、勿哩訶底、儗哩羯囉拏，及五種子諸香等，以葉衣觀自在陀羅尼，加持一百八遍，以用灌頂洗諸障難，灌頂已，取一瓦椀盛種種飲食，彼男女頭上遶三匝，令一知法遠送擲破，即結線索，以葉衣真言加持繫其頭上。若作如是法，身上疾病鬼魅厭禱、執曜淩逼本命宿所，皆悉殄滅。」

此尊三昧耶形爲未開敷蓮華杖、斧鉞，或說爲吉祥菓。依《白寶口抄》云，吉祥菓者，諸師異義不同也，今師資相承云柘榴也，其形圓，表寶珠之體，是施願圓滿義也。又數子滿內，是大慈覆護眾生義也。故此三昧耶形，具息災、增益兩重意義。

葉衣觀音於胎藏曼荼羅中位列觀音院內，密號異行金剛，全身呈肉色，左手持索，右手執杖。右膝屈立，坐於赤蓮花上。三昧耶形爲未開敷蓮華杖；印相則爲右手與願印，左手持羂索。

在《葉衣觀自在菩薩經》描述其尊形爲「其像作天女形，首戴寶冠，有無量壽佛。瓔珞、環釧莊嚴其身。身有圓光，火焰圍遶。像有四臂，右第一手當心持吉祥菓，第二手作施願手；左第一手持鉞斧，第二手持羂索，坐蓮華上。」此外，《白寶口抄》也舉《祕藏記》所云爲身白肉色，左手取羂索，右手執未開敷蓮華。又說右手有持如意幢者。

以葉衣觀音爲本尊，念誦《葉衣觀自在菩薩經》，可祛除各類疾病，稱爲葉衣法。若用以祈求國王大臣之長壽無病，則稱葉衣鎮；若以此爲安鎮宅第之修法，則稱鎮宅法。

⊙葉衣觀音的種子字、真言

種子字：（sa）或（hūṃ）

【真言】

曩謨囉怛曩怛囉夜野一　曩謨阿弭跢婆野二　怛他蘖跢夜囉賀帝三藐三沒馱野三　曩謨阿哩野嚩路枳帝濕嚩囉野四　冒地薩怛嚩野五　摩訶薩怛嚩野六　摩賀迦嚕抳迦野七　曩謨摩賀娑他麼鉢囉跛跢野八　冒地薩怛嚩野九　摩賀薩怛嚩野十　摩賀迦魯抳迦野十一　嚩麼寧怛鍐曩麼寫弭十二　怛鍐曩麼寫弭嚩麼寧十三　妣舍止鉢囉拏捨嚩哩十四　鉢囉拏捨嚩哩妣舍止十五　婆誐嚩底十六　跛捨跛囉輸播捨馱哩抳十七　夜竊迦竊

質十八　婆夜籲聿答帝十九　夜入迦室質儞多庚二十　夜迦室質怛麼哩庚二十一　夜迦室質摩
賀麼哩庚二十二　曳計質弩鉢捺囉嚩二十三　曳計質弩播夜娑二十四　曳計質捺地野婆嚩二十五
曳計質弩跛薩虐二十六　塢跛薩誐三滿馱嚩二十七　嗢鉢撚帝二十八　薩嚩籲路籲薩嚩娑鞞
二十九　薩吠帝嚩攞多三十　噎武鉢撚帝曩三十一　半旋多娑多娜寗曩薩底曳三十二　薩底也嚩
計曩三十三　惹惹惹惹三十四　噎鼻室止半旋路三十五　地瑟恥帶漫怛囉鉢乃三十六　麼麼薩嚩薩
怛縛難者三十七　囉迦愴矩嚕三十八　麌不井矩嚕三十九　跛哩怛囉喃矩嚕四十　跛哩蘖囉怛矩
嚕四十一　跛哩播攞曩矩嚕四十二　扇井矩嚕四十三　娑嚕娑底野野曩矩嚕四十四　難拏跛哩賀嘲
矩嚕四十五　設娑怛囉跛哩賀嘲矩嚕四十六　尾灑怒灑南矩嚕四十七　尾灑曩捨曩矩嚕四十八　梟
麼滿蕩矩嚕四十九　馱囉捉滿蕩左矩嚕五十　怛儞也他五十一　阿密哩帝阿蜜哩姤納婆吠五十二
阿濕嚩娑黨霓五十三　麼麼囉麼麼囉五十四　捨麼鉢囉捨麼五十五　覩奴尾覩奴五十六　覩黎覩母
黎娑嚩賀

心真言

唵①　跛哩娜捨嚩哩②　吽發吒③

oṃ① parṇaśavari② hūṃ phaṭ③

歸命① 葉衣② 吽發吒（障摧破）③

白衣觀音

白衣觀音又名為息災觀音，為大息災之主，如果發生曜宿災難、天變時，都可以修此法來息災。

【特德】

白衣觀音（梵名Pāṇḍaravāsini），梵名音譯作爲拏囉嚩悉寧、跛拏羅縛悉尼。意譯爲爲白處、白住處。又稱爲白處尊菩薩、大白衣觀音、服白衣觀音、白衣觀自在母。以此尊常在白蓮華中，所以名爲白處或白住處菩薩。是令一切苦惱消失、轉不吉爲吉祥的觀音。爲三十三觀音中的第六尊。

據《大日經疏》卷五的敘述：「多羅之右置半拏囉嚩悉寧，譯云白處。以此尊常在白蓮華中，故以爲名。」

同疏卷十也詮釋說：「白者即是菩提之心，住此菩提之心，即是白住處也。此菩提心從佛境界生，常住此能生諸佛也。此是觀音母，即蓮花部主也。」

而《白寶口抄》〈白衣觀音法〉中，則說此尊以慈悲覆護爲其體性，又說，唐本白衣觀音頭冠上，覆白天衣垂左右肩上，爲慈悲覆護之義，或說爲恐怖曜宿災之難，爲隔彼光，而頭上覆垂天衣，表大息災義也。依此義，或有名之爲「息災觀音」。於曜宿災難、天變時，可修此法息災。

古來以白衣觀音爲本尊，而祈請息災延命的修法，稱爲白衣觀音法或白處尊法。

白衣觀音的形像，經軌中所出各異。依據《大日經疏》卷五所載，是頂戴天髮髻冠，身襲純素衣，左手持開敷蓮華。《一字佛頂輪王經》卷三，則謂左手施願印，右手把真多摩尼寶。

在《覺禪鈔》中舉有，白衣觀音其形慈悲柔軟，如是天女著白色輕羅衣，頭髮上覆白帛，頂戴本師阿彌陀尊，左手執念珠，右手持印文，足踏白蓮。又舉有

白衣觀音

左手持印鑰，右手持楊柳枝，或立二蓮花上，右手取念珠，左手以大指押無名指頭等不同傳圖。

另於《阿娑縛抄》中尚有左手持棒或羂索，右手持般若梵夾的說法。胎藏現圖曼荼羅、胎藏圖像所出的形像大致同上，爲身呈白黃色，著白衣，左手執開敷蓮華，右手作與願印（即伸出五指，掌向外而安於腰前），結跏趺坐於赤蓮華上。而《不空羂索經》卷八、卷九、卷三十記載，左手持蓮華，右手揚掌或仰伸上等。

《白寶口抄》中說白衣觀音爲大息災之主，所以手持楊柳拂一切災難也。在《覺禪鈔》、《阿娑縛抄》皆提及此尊同葉衣觀音，《白寶口抄》更記有「又全體入住花葉中故，以蓮葉爲衣服，故云葉衣觀音也。」

此尊位在密教現圖胎藏界曼荼羅蓮華部院西北隅。密號爲離垢金剛、普化金剛。三昧耶形爲開敷蓮華或鉢曼摩花，印相爲兩手虛心合掌，二無名指屈入掌中，二拇指並豎觸著二無名指。此即表此尊爲蓮華部部母，能生蓮華部諸尊。

⊙白衣觀音的種子字、真言

種子字：𑖢𑖽（paṃ）或𑖭（sa）

【真言】

南麼①　三曼多勃馱喃②　怛他蘖多微灑也③　三婆吠④　鉢曇摩摩履儞⑤　莎訶⑥

𑖡𑖦𑖾①　𑖭𑖦𑖡𑖿𑖝𑖤𑖲𑖟𑖿𑖠𑖯𑖡𑖯𑖽②　𑖝𑖞𑖯𑖐𑖝𑖪𑖰𑖬𑖧③　𑖭𑖽𑖥𑖪𑖸④　𑖢𑖟𑖿𑖦𑖦𑖯𑖩𑖰𑖡𑖰⑤　𑖭𑖿𑖪𑖯𑖮𑖯⑥

namaḥ①　samanta-buddhānāṃ②　tathāgatata-viṣaya③　sambhave④　pad-ma-mālini⑤　svāhā⑥

歸命①　普遍諸佛②　如來對境③　生④　有蓮華鬘者⑤　成就⑥

馬頭觀音

【特德】馬頭觀音具大威勢力，能令一切作障礙者遠離，如果能被其威光照觸，則可離諸苦惱得大安樂，並與諸大菩薩共同止住。

馬頭觀音（梵名 Hayagrīva），梵名音譯作賀野紇哩縛、阿耶揭唎婆、何耶揭唎婆，音譯爲大力持明王。又稱爲馬頭大士、馬頭明王、馬頭金剛明王，俗稱馬頭尊。

此尊爲八大明王之一，是密教胎藏界三部明王中，蓮華部的忿怒持明王。位於胎藏現圖曼荼羅觀音院內，密號爲噉食金剛、迅速金剛，與《摩訶止觀》中所說六觀音的師子無畏觀音相配，在六道中是畜生道的救護主。

馬頭明王以觀音菩薩爲自性身，示現大忿怒形，置馬頭於頂，爲觀世音菩薩的變化身之一。因爲慈悲心重，所以摧滅一切魔障，以大威日輪照破眾生的暗冥

馬頭觀音

，噉食眾生的無明煩惱。

在《聖賀野紇哩縛大威怒王立成大神驗供養念誦儀軌法品》卷上說：「賀野紇哩縛（馬頭觀音）能摧諸魔障，以慈悲方便，現大忿怒形，成大威日輪，照曜無邊界，修行者暗瞑，速得悉地故，流沃甘露水，洗滌藏識中，熏習雜種子，速集福智聚，獲圓淨法身，故我稽首禮。」

同上儀軌品中又說其：「我大慈大悲馬口本願深重故，化一切眾生專勝諸尊。由大慈故不著生死，由大悲故不住涅槃。常住無明諸境界中，斷盡種種諸惡趣，滅盡六道四生生、老、病、死之苦，又能噉食滅盡，取事近喻如羸飢馬食草，更無他念。此本願力故，十方剎土無不現身。」而且「若纔憶念是威怒王，能令一切作障難者，皆悉斷壞，一切障者不敢親近，常當遠離。是修行者所住之處四十里內，無有魔事及諸鬼神等，與諸大菩薩共同得止住。」由此可略窺此尊之悲願深重及大威勢力。

另於此尊諸相關經軌中，亦列有種種息災祈福法門。如《聖賀野紇哩縛大威怒王立成大神驗供養念誦儀軌法品》記載：「又欲成大驗者，三千大千世界內，山河石壁、四大海水能令涌沸，蘇彌盧山及鐵圍山能令搖動，又碎如微塵，其中所有一切有情照觸大威怒王威光，悉離諸苦惱得大安樂。」

又法，若種種災難起、國土亂，他國怨敵數來侵擾，百姓不安，大臣謀叛，疾疫流行、水旱不調、日月失度，如是災難起時，是土國王身心精進，請取持明者，大威怒王像前作念誦，以滑濾草搵蘇乳蜜，護摩數滿十萬遍，外國怨敵即自降伏，各還政治國土……諸龍鬼神擁護其國，雨澤順時，果實豐饒，人民歡樂。

又法，若家內遇大惡病，百怪競起，鬼神邪魔嬈亂，其家惡人橫造口舌以相謀害，室家大小、內外不知者，向馬頭像前作念誦，數滿一萬遍，諸惡事悉皆消滅。

又法，若為王官收錄，身繫囹圄禁閉、杻械枷鎖，憶念大威怒王者，官自開思澤放還……若常誦此咒者，一切怖畏得無所畏，所有障難悉解脫。

又法，若患路陀瘡及諸毒蛇之所齩者，或患健毗吒雞瘡此等諸瘡，咒黃土塗滿一千遍，塗其瘡上即得除差，一切怖畏心念即除滅。

又法，若人忽逢一切水難，心念即得不被沈溺，如是等法不可廣說，隨意即成就。若造大曼荼羅者，不得行欲。

馬頭觀音的尊形有一面二臂、一面四臂、三面二臂、三面八臂、四面八臂等多種不同形像。其中一面二臂者，二臂或合掌或結施無畏印。《覺禪鈔》引《不空羂索經》說其左手執鉞斧，右手執蓮華。然亦有左手執蓮，右手握棒或左手結施無畏印，右手執蓮者。

在《諸說不同記》第三內，記載有此菩薩在胎藏曼荼羅觀音院中之形像爲三面二臂像：通身赤色，三面三目，作忿怒形，上齒咬下唇，兩牙上出。頭有金線冠，無冠繒，二端屈曲飛颺，著耳環，環有金珠子，額有坐化佛，頂上白馬頭出現。兩手合掌，屈食指甲相合，其無名指外叉。被天衣、無臂釧，著青珠鬘，腰帶左端自脛上外出垂，著腳環，豎右膝。依此像，唐．一行在《大日經疏》中進一步說，其身有黃有赤，如日初出之色。以白蓮華瓔珞等莊嚴其身。光焰猛威，赫奕如鬘，指甲長利，出雙牙上，首髮如師子項毛，極呈吼怒狀。此爲蓮華部之忿怒持明王。猶如轉輪王之寶馬，巡履四洲，一切時一切所，滌除一切雜念，諸菩薩大精進力又如斯。得如此猛威之勢，生死重障中不顧身命，所以摧伏處處業障，正爲白淨大悲心，故用白蓮瓔珞飾其身。

在《大聖妙吉祥菩薩秘密八字陀羅尼修行曼荼羅次第儀軌法》則述有三面八臂像爲：東北角繪馬頭明王。面有三面，八臂執諸器杖。左上手執蓮華，一手握瓶，一手執杖當心。以二手結印契。右上手執鉞斧，一手持數珠，一手執索。輪王坐蓮華中，呈大忿怒相，現極惡猛利之勢。

另於《大神驗供養念誦儀軌法品》卷下則有作四面八臂乘水牛像。

馬頭觀音的形像，雖然都具有頭載白馬頭之共同形相，但其面部表情，或作忿怒狀或作大笑顏狀，與一般菩薩的表情有所不同。

以此菩薩爲本尊，爲祈禱調伏惡人、眾病息除、怨敵退散、議論得勝而修之法，稱馬頭法。其三昧耶形爲白馬頭，印相爲馬頭印。

⊙馬頭觀音的種子字、真言

種子字：𑖮𑖽（haṁ）或𑖏𑖯（khā）或𑖮𑖳𑖽（hūṁ）

【真言】

南麼① 三曼多勃馱喃② 鈝③ 佉那也④ 畔惹⑤ 娑破吒也⑥ 莎訶⑦

namaḥ① samanta-buddhānāṃ② hūṃ③ khādāya④ bhaṃja⑤ sphaṭya⑥ svāhā⑦

歸命① 普遍諸佛② 鈝（種子）③ 噉食④ 打破⑤ 破盡⑥ 成就⑦

唵① 阿蜜哩都納婆嚩② 頜發吒③ 娑嚩訶④

oṃ① amṛtodbhava② hūṃ-phaṭ③ svāhā④

歸命① 甘露發生② 恐怖破壞③ 成就④

諸障噉食真言

南無三曼多母馱喃牟佉夜陀畔闍薩婆吒也莎訶

此諸障噉食真言以空行功德，能噉食障礙菩提之三界一切法，授與眾生諸法實相妙果。

多羅菩薩（度母）

多羅菩薩為觀音菩薩的化身，其以清涼光明普照眾生，憐憫眾生猶如慈母，誓度眾生脫離生死苦海。

【特德】

多羅菩薩（梵名 Tārā），爲觀世音菩薩的化身，密教觀音部的佛母。又稱爲聖多羅菩薩、多羅尊、多羅尊觀音、多羅觀音、綠度母、救度母、聖救度佛母。意譯作眼、極度、救度，所以略稱爲「度母」。在三十三觀音之中，爲第二十四尊。

依據《大方廣曼殊室利經》〈觀自在菩薩授記品〉中所載，觀自在菩薩住普光明多羅三昧，以三昧力，自眼中放大光明，多羅菩薩即從光明中生，爲妙女形，以清涼光明普照眾生，憐憫眾生猶如慈母，誓度彼等脫離生死苦海。

關於此尊形像，諸說不一，如：

1.據《大日經》卷一〈具緣品〉所述，此尊爲中年婦人形。身青白色相雜，二手合掌，持青蓮華；身著白衣，頭有天髻，作微笑狀。

2.依「胎藏圖像」所繪，此尊無髮冠，右手屈臂伸掌，指頭稍向右。左手伸掌，安臍下，食指、拇指間插有蓮華。於蓮華座上半跏趺坐，面稍向右。有二侍者，皆二手合掌，坐荷葉座。

3.依現圖曼荼羅所繪，此尊全身青白色，著羯摩衣，頭戴髮冠，上有化佛。二手合掌，未持蓮華，於蓮華座上半跏趺坐。左有一使者，身肉色，二手作捧持蓮華狀。

4.據《圖像抄》卷七、《別尊雜記》卷二十四、《覺禪鈔》〈多羅尊法〉、《阿娑縛抄》卷九十五〈多羅菩薩卷〉所載，此尊全身綠肉色，著羯磨衣。頭戴無量壽佛寶冠；右手垂下，作與願印；左手屈臂，執青蓮華；坐青蓮華座。

多羅菩薩

⊙綠度母

多羅菩薩爲一切度母的主尊，然而在西藏，多羅菩薩多被視爲綠度母。依《度母本源》記載：觀世音於無量劫前，利益有情，然眾生度不勝度，菩薩悲愍落淚，淚滴成蓮華化現度母，此度母向觀自在菩薩云：「汝心勿憂悶，我爲汝伴助，作度脫無量眾生之事業。」並說偈言：「汝心勿憂悶，我誓爲汝助；眾生雖無量，我願亦無量。」此乃度母化現的因緣。

從此這位度母即開始廣度眾生。於是他的名稱，普聞十方世界，十方諸佛齊來爲他灌頂，異口同音讚嘆，並稱之爲「度母」，意謂「救度一切眾生的佛母」。這是「救度佛母」名號的由來。

聖救度母共有二十一尊化現，簡稱二十一度母。除主尊綠度母外，另二十尊爲⑴救災難度母⑵救地災度母⑶救水災度母⑷救火災度母⑸救風災度母⑹增福慧度母⑺救天災度母⑻救兵災度母⑼救獄難度母⑽救盜難度母⑾增威權度母⑿救魔難度母⒀救畜難度母⒁救獸難度母⒂救毒難度母⒃伏魔度母⒄藥王度母⒅長壽度

綠度母

母⒆寶源度母⒇如意度母。

這廿一度母中，有主救災難者，有救地、水、火、風、空等五大之災者，有救度刀兵盜賊之難者、亦有救度畜、獸之難者，或救度諸毒及魔難等種種眾生之災障者，多與息災法有關。

綠度母爲廿一尊度母之主尊，綠度母咒乃廿一度母之根本咒。常勤念誦，能斷輪迴之根；免除一切魔障、瘟疫痛苦；消除一切水火、刀兵、盜賊等災難；並能增長福慧、權威、壽命；凡有所求，無不如願；命終往生極樂。

誠心奉持，靈應如響。其功德之廣大，難以盡述。

度母在西藏流傳最廣的是綠度母與白度母。綠度母現妙齡女子相。因爲全身綠色，故稱「綠度母」。其現慈容、半跏趺坐於蓮華日月輪上，一面二臂，頭戴五佛寶冠，珠寶瓔珞爲飾，並穿各色天衣，下身重裙，以爲莊嚴。右手向外置於右膝上，作施願印，並持烏巴拉花；左手掌心持烏巴拉花。

◎多羅菩薩的種子字、真言

種子字：（tā）或（tra）或（taṃ）

【真言】

南麼① 三曼多② 勃馱喃③ 多隸④ 多利尼⑤ 迦嚧拏⑥ 嗢婆嚩⑦ 莎訶⑧

namaḥ① samanta② buddhānāṃ③ tāre④ tāriṇi⑤ karuṇa⑥ udbhava⑦ svāhā⑧

歸命① 普遍② 諸佛③ 多隸（尊名）④ 渡⑤ 悲⑥ 生⑦ 成就⑧

唵① 鉢娜麼② 多梨③ 吽④

oṃ① padma② tāre③ hūṃ④

歸命① 蓮華② 多梨（尊名）③ 吽（種子）④

⊙藏密綠度母真言

嗡　答列　都答列　都列　梭哈

ༀ་ཏཱ་རེ་ཏུ་ཏཱ་རེ་ཏུ་རེ་སྭཱ་ཧཱ།

阿摩提觀音

若至心修此阿麼蘇法、持誦此觀音真言，能滅眾生一切業障，速獲神驗，所求如意，並得菩薩現身，滿其所願。

【特德】

阿摩提觀音，又稱作阿麼提觀音、阿磨蘇觀音、菴摩蘇觀音；意譯爲無畏觀音、寬廣觀音，即無畏觀自在觀音。爲三十三觀音中的第二十一尊。

有關阿麼蘇真言宣說的因緣在《觀自在菩薩阿麼蘇法》中說：昔日于闐國有一清信士，多年來虔心持念觀自在菩薩真言，祈願能見到大聖，卻一直無法達成心願，然而他並不退悔，反而更努力修持。後有一夕，聞空中有音聲說：「你可以前往鄰國謁見他們的國王。」於是他便依言啟程前往鄰國。

待此清信士到達鄰國後便聽聞此國國王法令非常嚴酷，一有犯罪必用刑罰。然，行者聞言後還是請求謁見國王，進入王宮後，卻見到其處悉如佛國剎土，而該國國王即是觀自在菩薩。於是行者不解地問菩薩：「大聖治化，豈用於刑戮，大悲何在？」

菩薩回答說：「由於此土眾生剛強難制，我爲悲愍、誘導眾生的緣故，分身爲王，所刑戮者皆是幻化之人，這乃是爲了降服此土眾生的獷俗心性，畏威從風的方便，政令若成，我就會隱沒而去。」

爾後，行者留住彼國數月，待通悟大乘後乃向王辭歸，並發慈悲心，爲未來世的眾生祈請菩薩開示法要。菩薩告言：「我有阿麼蘇真言章句，今受與汝，供養簡易，又時日不多，志心誦持，吾當現身，滿彼所願。」

於是菩薩便將阿麼蘇真言（詳見後附）傳授給清信士。並告訴他：「若持誦此真言者，於閒靜處或阿蘭若，於舍利塔前置觀自在菩薩，隨力供養，清淨洗浴，食淨者，獨處道場，一日一夜持念，達曉大聖當見，諸願滿足，眾人愛敬；得宿命智，能證十地三昧現前；若犯五逆重罪，兩日兩夜當見。」

若有欲修此觀音法、欲求見觀音者，應如《觀自在菩薩阿麼𡡆法》中所記載：先須志心誦滿千遍，於清淨處或阿蘭若，或於山林或清淨伽藍、舍利塔前，如法建立觀自在菩薩道場，置觀音像，隨其力分，精誠供養，清淨澡浴著新淨衣，慎護三業，勿妄喜怒，一日一夜獨處，斷一切語，心不異緣，專想觀音，心不間斷誦此真言，燒沈水香或燒五味和香，煙勿令斷絕。於壇四角各置一燈，又各置一盃香水，一者石蜜漿，一是鬱金香水，一是如常白檀香水。並供養餅果粥飦等。平旦所獻飦食，日別齋時，盡須收卻，送安淨處，施諸鳥鳥。又下新造飲食供養，至暮間准前送卻，又下新造成者供養，乃至天明，日夜之中不得輒有昏沈、懈怠，否則恐難得見。又說：應想菩薩毫相之中，有兩道光明，一道直入諸地獄中，救眾生令得解脫，一光來入修行者頂，想遍己身，眾惡諸業皆悉消除，內外清淨。

如果行者能如法精勤修習觀想、念誦，志心求見觀音菩薩，菩薩當為彼現身，滿其所願。若有曾犯五無間重罪者，兩日兩夜精勤念誦，必當得見，何況本清淨者，除不志心。

此清淨士受持此阿麼蘇真言法要後，便返回本國，流傳此阿麼蘇法，依教修持此法者，有五天即獲效驗者，且其數非一，足見此法之功德力用。

總之，若至心修此阿麼蘇法、持誦此觀音真言，依經所顯，此真言有大神力，能滅眾生一切業障，速獲神驗所求如意。

阿摩提觀音的形像為三日四臂，乘白獅子座，面向左方，頭上戴寶冠，以白蓮花為嚴飾，前二手執持鳳頭箜篌，另左上手手掌托摩竭魚，右上手持白色吉祥鳥，左足彎曲於獅子的頂上，右足垂下，嚴以天衣瓔珞，通身發出光燄，面貌慈悲。

另外，在《覺禪鈔》中，有心覺阿闍梨口傳的形像說，菩薩坐於青蓮上，寶冠戴無量壽佛。而此尊光燄上有一佛，左手持蓮華，華上有寶篋，右手結施無畏印。

◉阿摩提觀音真言

曩謨囉怛曩怛囉夜野曩莫阿哩野嚩路枳帝濕嚩囉野曰月地薩怛嚩野摩賀薩怛嚩野摩賀迦嚕抳迦野怛彌也他阿麼穌鉢囉麼穌尾麼穌多囉穌三鉢囉比野穌伊里寧只里寧吉里寧阿嚕賀寧彌嚕賀寧馱囉寧馱羅寧馱跛寧阿嚩多囉寧薩嚩多囉寧齡跛寧阿齡跛寧曩頗曩頗曩頗寧曩拏曩拏曩拏寧住住寧娑密栗殿覩銘阿舍麼曩跛囉布哩馱寧演曩莫阿哩也嚩路枳帝濕嚩囉野娑嚩賀

金剛薩埵

【特德】金剛薩埵象徵堅固不壞的菩提心與煩惱即菩提之妙理，其百字明可淨懺除罪障，使行者光明清淨。

金剛薩埵（梵名 Vajrasattva），vajra（嚩日囉）意爲金剛，sattva（薩埵）意譯爲有情、勇猛等義。

其藏名 Rdo-rje semsdpaḥ，意爲金剛勇猛心。或稱爲金剛手、金剛手秘密主、執金剛秘密主、持金剛具慧者、金剛上首、大藥金剛、一切如來普賢、普賢薩埵、普賢金剛薩埵、金剛勝薩埵、金剛藏、執金剛、秘密主、金薩。密號真如金剛或大勇金剛。其以淨菩提心堅固不動，勇於降伏一切外道有情，故謂大勇。而淨菩提心爲恆沙功德之根本所依體，故名真如。

「金剛薩埵」一語，象徵「堅固不壞之菩提心」與「煩惱即菩提之妙理」。

此名稱於密教中，所指有四：

(1)指密教傳法之第二祖。

(2)爲金剛界曼荼羅中，金剛部院三十七尊之一。

(3)爲金剛界曼荼羅理趣會中，十七尊中之主尊。

(4)爲胎藏曼荼羅金剛部院「大智金剛部」之主尊。

此外，據《大教王經》卷八記載，於降三世羯磨會中之金剛薩埵，顯現三面

金剛薩埵

八臂的降三世明王的形相，爲阿閦如來的教令輪身。所以此尊係奉如來之教敕，欲降伏剛強難化的大自在天眾，而示現明王之相。

雖有上記各種之金剛薩埵，然於密教中，常以金剛薩埵作爲菩提心，或經由菩提心而上求佛果者之總代表。

在藏密中的四加行中，金剛薩埵的「百字明」是重要的懺悔法之一。百字明又稱百字真言、百字密語、金剛百字明，或金剛薩埵百字明。

百字明是金剛薩埵淨罪法中所持的長咒，出自《金剛頂瑜伽中略出念誦經》卷二。

除此之外，每晚臨睡也可持誦此咒七遍來懺除日間的過犯。法務儀式之結尾亦往往誦此百字明以補闕失。密宗弟子往往領有多尊之灌頂，因此若無法將諸尊之法全部修完，一方面可將諸尊匯入本尊而修之，另一方面則宜每晚念百字明以補闕。

另外，年長者若深恐四加行中之百字明太長，如欲提早得到圓滿十萬遍之功德，可先依百字明觀想持「阿」字十萬遍。但是年輕人勿藉故取巧，依儀軌修法，持百字明十萬遍爲根本修法。

持誦真言可選擇梵文或藏文，若不熟悉梵文、藏文發音，亦可直誦中文的意譯。

藏傳白教以金剛薩埵法的修持，可加觀中脈上端成三角錐漏斗之口分別爲兩太陽穴及後腦中心，漸收入喉輪。並於頂輪中心部位加觀白色阿字，如圖：

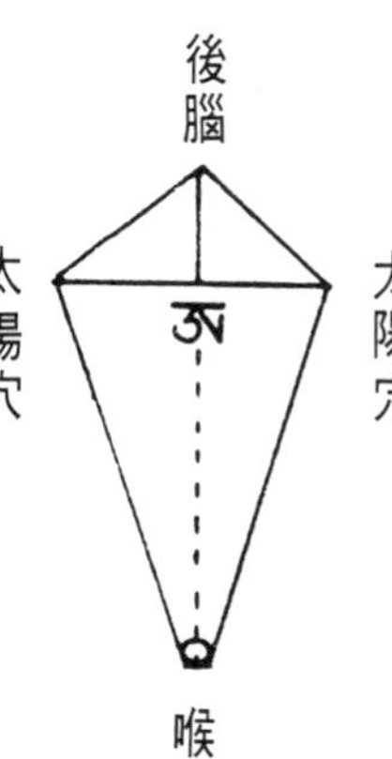

除了頂上觀想的金剛薩埵父母甘露灌頂外，此白阿亦流降白甘露。

⊙金剛薩埵的種子字、真言

種子字：（hūṃ）或（stvaṃ）或（a）

【真言】

百字明

梵文發音

唵①　跋折囉　薩埵②　三摩耶③　麼奴波邏耶④　跋折囉薩埵哆吠奴烏播底瑟吒⑤
涅哩荼烏銘婆嚩⑥素覩沙榆銘婆嚩⑦　阿努囉訖覩銘婆縛⑧　素補使榆銘婆嚩⑨　薩婆
悉地　含銘般囉野綽⑩　薩婆羯磨素遮銘⑪　質多失唎耶⑫　句嚧⑬　吽⑭　呵呵呵呵⑮
護⑯　薄伽梵⑰　薩婆怛他揭多⑱　跋折囉麼迷悶遮⑲　跋折哩婆嚩摩訶三摩耶薩埵⑳
阿㉑

𑖮𑖮𑖮𑖮⑮ 𑖮𑖺𑖾⑯ 𑖥𑖐𑖪𑖽⑰ 𑖭𑖨𑖿𑖪𑖝𑖞𑖯𑖐𑖝⑱ 𑖪𑖕𑖿𑖨𑖯𑖦𑖯𑖦𑖸𑖦𑖲𑖽𑖓⑲ 𑖪𑖕𑖿𑖨𑖱
𑖥𑖪𑖦𑖮𑖯𑖭𑖦𑖧𑖭𑖝𑖿𑖪⑳ 𑖁𑖾㉑

oṁ① vajra-sattva-② samaya③ manu pālaya④ vajra-sattvenopatiṣṭha⑤
dṛḍhomebhava⑥ sutoṣyomebhava⑦ anuraktomebhava⑧ supoṣyamebhava⑨
sarva-siddhim meprayaśsca⑩ sarva-karmesu came⑪ cittam śiyāṁ⑫ kuru⑬
hūm⑭ ha ha haha⑮ ho⑯ bhagavaṃ⑰ sarva-tathāgata-⑱ vajra mā me
munca⑲ vajrībhava mahā-samaya-sattva⑳ aḥ.㉑

　歸命① 金剛薩埵② 三昧耶③ 願守護我④ 爲金剛薩埵位⑤ 爲堅牢我⑥
於我可歡喜⑦ 令我隨心歟⑧ 令我善增益也⑨ 授與我一切悉地⑩ 及諸事業⑪
令我安穩⑫ 作⑬ 吽⑭ （四無量心、四身）⑮ 喜樂之聲⑯ 世尊⑰ 一切如來⑱
願金剛莫捨離我⑲ 令我爲金剛三昧耶薩埵⑳ 阿（種子）㉑

藏文發音

　嗡 班雜爾薩埵 薩馬亞 馬努巴拉亞 班雜爾薩埵得努巴 地踏地都美巴
哇 蘇朵卡約媚巴哇 蘇波卡約媚巴哇 阿奴若埵媚巴哇 薩爾哇 悉地 美炸

亞擦　薩爾哇嘎爾瑪　蘇雜美　只但　歇銳亞　古魯　吽　哈　哈　哈　哈　賀

班嘎文　薩爾哇答踏嘎答　班雜馬妹悶雜　班基利　巴哇　瑪哈　薩瑪亞　薩多

阿

༄༅། །ཨོཾ་བཛྲ་སཏྭ་ས་མ་ཡ། མ་ནུ་པཱ་ལ་ཡ་བཛྲ་སཏྭ།
ཏྭེ་ནོ་པ་ཏིཥྛ་དྲི་ཌྷོ་མེ་བྷ་ཝ། སུ་ཏོ་ཥྱོ་མེ་བྷ་ཝ། སུ་པོ་ཥྱོ་མེ་བྷ་ཝ།
ཨ་ནུ་ར་ཀྟོ་མེ་བྷ་ཝ། སརྦ་སིདྡྷི་མྨེ་པྲ་ཡཙྪ། སརྦ་ཀརྨ་སུ་ཙ་མེ།
ཙིཏྟཾ་ཤྲི་ཡཾ་ཀུ་རུ་ཧཱུྃ། ཧ་ཧ་ཧ་ཧ་ཧོཿ བྷ་ག་ཝཱན་སརྦ་ཏ་ཐཱ་ག་ཏ།
བཛྲ་མཱ་མེ་མུཉྩ། བཛྲཱི་བྷ་ཝ། མ་ཧཱ་ས་མ་ཡ་སཏྭ་ཨཱཿ

若時間不足，亦可持誦心咒。

心咒

嗡　班雜薩埵　阿

༄༅། །ཨོཾ་བཛྲ་སཏྭ་ཨཱཿ

地藏菩薩

【特德】 修持地藏菩薩法能滅無量罪，得家宅永安、無水火災、虛耗辟除、杜絕惡夢等十種利益。

地藏菩薩（梵名 Kṣitigarbha），是悲願特重的菩薩，恆常於六道中度脫一切眾生苦厄，因此佛教徒常稱之爲大願地藏王菩薩，以彰顯其特德。

關於地藏菩薩發心的因緣，依《地藏菩薩本願經》所述，地藏菩薩於往昔身爲大長者子時，因見到師子奮迅具足萬行如來相好千福莊嚴，因而問彼佛在因地時作何行願而得此相。當時師子奮迅具足萬行如來就告訴長者子：「欲證此身，當須久遠度脫一切受苦眾生。」

因此，長者子於佛前發願：「我今盡未來際不可計劫，爲是罪苦六道眾生廣設方便，盡令解脫，而我自身方成佛道。」

地藏菩薩於往昔由於在佛前立此願度脫一切受苦眾生的大願，所以至今經過了百千萬億那由他不可說劫，尚爲菩薩。又由於其大悲願力廣大不可思議的緣故，常常成爲眾生消災增福時，重要的祈請本尊及修法。

至於地藏菩薩的廣大威德及度眾方便，依《地藏菩薩本願經》所述，「未來世中，若有男子、女人不行善者，行惡者，乃至不信因果者，邪婬、妄語者，兩舌、惡口者，毀謗大乘者，如是諸業眾生必墮惡趣；若遇善知識勸，令一彈指間，歸依地藏菩薩，是諸眾生即得解脫三惡道報。若能志心歸敬及瞻禮讚歎，香華、衣服、種種珍寶或復飲食，如是奉事者，未來百千萬億劫中，常在諸天受勝妙樂。若天福盡，下生人間，猶百千劫常爲帝王，能億宿命因果本末。定自在王！如是地藏菩薩有如此不可思議大威神力，廣利眾生。」

又說，「若未來世有諸等，衣食不足，求者乖願，或多病疾，或多凶衰，家宅不安，眷屬分散，或諸橫事多來忤身，睡夢之間多有驚怖，如是人等聞地藏名，見地藏形，至心恭敬念滿萬遍，是諸不如意事漸漸消滅，即得安樂，衣食豐溢，乃至於睡夢中悉皆安樂。」、「若未來世有善男子、善女人，或因治生，或因

地藏菩薩

公私，或因生死，或因急事，入山林中，過渡河海，乃及大水，或經險道，是人先當念地藏菩薩名萬遍，所過土地鬼神衛護，行住坐臥永保安樂，乃至逢於虎狼師子，一切毒害不能損之。」

又說，「是地藏菩薩於閻浮提有大因緣，若說於諸眾生見聞利益等事，百千劫中說不能盡。」

在《地藏十輪經》中，地藏菩薩爲利益一切眾生，而宣說「具足水火吉祥光明大記明咒總持章句」，此咒能淨諸有塵、能淨鬪諍劫、能淨濁惡意、能淨濁大種、能淨濁惡味、能淨濁惡氣、滿諸希望、能成諸稼穡、能令一切佛如來世尊所加護，又能令一切菩薩加護而隨喜。

《覺禪鈔》舉《金剛頂念誦法》云：若纔誦地藏菩薩咒者，能滅無量罪，何況日日誦持者，福德不可思議，於來世佛法滅時，一切速成就。

《覺禪鈔》中則舉列稱念地藏菩薩名號之種種利益爲：若諸有情同在牢獄，杻械、枷鎖檢繫其身，具受眾苦，至心稱名一切皆得解脫；若諸有情，諸根不具至心稱名一切皆得。若諸有情，爲諸毒蟲所螫，或被種種毒藥所害，至心稱名皆得離諸苦害。

又引《占察經》下云，爾時佛告諸大眾言，若人得聞彼地藏菩薩摩訶薩名號，及從其所說者，當知是人速能離一切所有諸障礙事，疾至無上道。

又說，地藏菩薩者，五濁世界之導師，末法利益揭焉，菩薩之心，大地之上收種眾生之萬善，名顯自性，奉稱地藏薩埵。佛在忉利天，集無量菩薩之時，別諸大士等，付屬有情，殊於地藏，知無佛濟度之願，此菩薩殊勝也。實一日稱念之功德，逾殊勝普賢文殊娑婆濁世之利益，獨得釋迦付屬，掌內捧寶滿眾生願，每朝入定拔地獄苦，現當利生可仰此尊也，歸命渴仰不淺，必引攝淨土，報恩志深，早消滅罪障。

經中並說受持地藏菩薩法門可得十種利益：一者土地豐壤、二者家宅永安、三者先已生天、四者現在益壽、五者所求遂竟、六者無水火災、七者虛耗辟除、八者杜絕惡夢、九者出入神護、十者多遇聖因。

⊙六道地藏

一般人以爲，地藏菩薩只在地獄道裡救度地獄眾生，其實他在整個六道中均有能力教化濟度，亦即所謂的六地藏——渡化六道眾生的地藏。六地藏之名，也是依娑婆世界有六道眾生而說的，他方世界或七道或四道不等者，地藏亦依他方的因緣而一一示現應化之。

六道地藏的名稱，各經軌所載不一，但是大體而言，皆源於《大日經疏》卷五，胎藏界地藏院九尊中之六上首，即：地藏、寶處、寶掌、持地、寶印手、堅固意。

六地藏之信仰，於日本甚爲流行。左表爲《覺禪鈔》地藏卷下及《地藏菩薩發心因緣十王經》所列舉之六地藏：

所化道	《覺禪鈔》地藏名（左右持物）	《十王經》地藏別稱（左右持物）
天道	大堅固地藏（寶珠、經）	預天賀地藏（如意珠、說法印）
人道	大清淨地藏（寶珠、施無畏印）	放光王地藏（錫杖、與願印）

所化道	《覺禪鈔》地藏名（左右持物）	《十王經》地藏別稱（左右持物）
修羅道	清淨無垢地藏（寶珠、梵篋）	金剛幢地藏（金剛幢、施無畏）
畜生道	大光明地藏（寶珠、如意）	金剛悲地藏（錫杖、接引印）
餓鬼道	大德清淨地藏（寶珠、與願印）	金剛寶地藏（寶珠、甘露印）
地獄道	大定智悲地藏（錫杖、寶珠）	金剛願地藏（閻魔幢、成辦印）

⊙地藏菩薩的尊形

地藏菩薩的形象，常見有比丘聲聞像及菩薩形。如在《十輪經》中，即是作聲聞相。這在一般菩薩形象中是很特殊的，因爲菩薩一向是珍寶珠鬘嚴身，頭戴寶冠現華麗的在家相，較少像地藏菩薩是現圓頂的比丘聲聞像。

《別尊雜記》第二十八及《覺禪鈔》地藏上所舉也是比丘形。其左手持寶珠，右手作與願印，右腳垂下，坐蓮花上，在雲上之圖。

而在《大日經》中，地藏菩薩也有與一般菩薩一樣，作頭戴天冠的菩薩造形。此菩薩在密教中，居於胎藏界地藏院中央，其形象是：白肉色，左手持蓮花，上有幢幡，右手持寶珠。也有右手作施無畏印。

在《地藏菩薩儀軌》中也說：地藏菩薩作聲聞形像，袈裟端覆左肩，左手持盈華形，右手施無畏，坐蓮華。如果現大士像，則頂著天冠，著袈裟，左手持蓮華莖，右手如先，安坐九蓮台。

在中國佛教中，地藏的形相多是左手持如意寶珠，右手拿錫杖，多現聲聞比丘形，或是戴五方佛帽。

⊙地藏菩薩的種子字、真言

種子字：ha（ha）

【真言】

南麼①　三曼多②　勃馱南③　訶訶訶④　蘇怛奴⑤　莎訶⑥

namaḥ①　samanta②　budhānāṁ③　hahaha④　sutanu⑤　svāhā⑥

namaḥ①　samanta②　budhānāṁ③　ha ha ha④　sutanu⑤　svāhā⑥

歸命①　普遍②　諸佛③　離三因④　妙身⑤　成就⑥

具足水火吉祥光明大記明咒總持章句

識蒱　識蒱　識識蒱　阿迦舍識蒱　縛羯洛識蒱　菴跋洛識蒱　籤羅識蒱
伐折洛識蒱　阿路迦識蒱　莫摩識蒱　薩帝摩識蒱　薩帝眤訶羅識蒱　毗婆路
迦揷婆識蒱　鄔波莫摩識蒱　柰野娜識蒱　鉢剌惹三年底剌拏識蒱　剎拏識蒱
毗濕婆梨夜識蒱　舍薩多臘婆識蒱　毗阿荼素吒　莫醯隸莕謎　睒謎　斫羯洛細
斫羯洛沫呬隸　廁隸　諢隸　揭剌婆跋羅伐剌帝　队嚇　鉢剌遮囉飯怛泥　曷剌
怛泥　播囉　遮遮遮　队隸　弭隸　黳羯他　託契　託齵盧　闥嚇　闥嚇　弭
隸　磨綻　瘇綻　矩隸　弭隸隸　盎矩之多毗　過嘌　祁嘌　波囉祁嘌　矩吒苫
沫隸　敦祇　敦祇　敦具隸　滸盧　滸盧　滸盧　矩盧窣都弭隸　弭哮弟　彌哮綻
叛荼陀　喝羅　哮梨　滸盧　滸魯盧

普賢菩薩

普賢菩薩的清淨懺悔法，能清淨行者的一切罪障，而無始以來所作的種種惡業，也能全部除滅，煩惱止息，催伏一切障礙、災難。

【特德】

普賢菩薩（梵名 Samantabhadra），音譯爲三曼多跋陀羅，又作三滿多跋捺羅、三曼陀颰陀、或是邲輸颰陀。義譯作遍吉，意爲具足無量行願，普示現於一切佛刹的菩薩，爲了彰顯其特德，常尊稱其爲大行普賢菩薩。

其名號的意義，在《大日經疏》卷一中記載：普賢菩薩，「普」是遍一切處義，賢是最妙善義。普賢菩薩依菩提心所起願行，及身、口、意悉皆平等，遍一切處，純一妙善，具備眾德，所以名爲普賢。

在密教中，以普賢表示菩提心，認爲他與金剛手、金剛薩埵、一切義成就菩薩同體。

在《華嚴經》中明示一切佛法歸於毗盧遮那如來及文殊、普賢二大士，三者並稱「華嚴三聖」，其中普賢菩薩代表一切菩薩行德本體。

普賢代表一切諸佛的理德與定德，與文殊菩薩並爲釋迦牟尼佛的兩大脇侍。文殊駕獅、普賢乘象，表示理智相即、行證相應。

在大乘佛教的重要經典《法華經》及《華嚴經》中，都是在彰顯普賢菩薩實踐菩薩行——一個菩薩力行實踐的樣態。

至於《普賢觀經》，主要是諸位大士在佛陀入滅之前，爲未來世眾生求取如來的真實境界，而祈請的經典。

《觀普賢菩薩行法經》由阿難、摩訶迦葉、彌勒菩薩等二聲聞一菩薩，請問世尊：「如來滅後，云何眾生起菩薩心，修行大乘方等經典，正念思惟一實境界?云何不失無上菩提之心?云何復當不斷煩惱，不離五欲，得淨諸根，滅除諸罪；父母所生清淨常眼，不斷五欲而能見諸外事?」佛陀針對這些問題，一一予以回答。並因此而宣說觀普賢菩薩而清淨懺悔之行法，使行者能清淨諸業障，無始以來所作之罪皆悉滅除，能枯竭煩惱大海，催伏一切障礙、災難。

普賢菩薩

◉普賢菩薩的形像

《觀普賢菩薩行法經》中描述：「普賢菩薩身量無邊，音聲無邊；色像無邊，欲來此國，入自在神通，促身令小，閻浮提人三障重故，以智慧力化乘白象。其象六牙，七支跂地，其七支下生七蓮華。象色鮮白，白中上者，頗梨雪山不得爲比。」

◉普賢菩薩的種子字、真言

種子字：𑖮𑖳𑖽（hūṃ）或𑖦𑖾（aḥ）或𑖀𑖽（aṃ）或𑖎（ka）

【真言】

根本印（三昧耶印）

三昧耶① 薩怛鑁②

𑖭𑖦𑖧① 𑖭𑖿𑖝𑖿𑖪𑖽②

samaya① satvaṃ②

平等① 薩怛鑁（生佛不二之種子）②

普賢如意珠印

南麼① 三曼多勃馱喃② 三麼多奴揭多③ 吠囉闍④ 達摩涅闍多⑤ 摩訶摩訶⑥
莎訶⑦

𑖡𑖦𑖾 ① 𑖭𑖦𑖡𑖿𑖝𑖤𑖲𑖟𑖿𑖠𑖯𑖡𑖯𑖽 ② 𑖭𑖦𑖡𑖿𑖝𑖯𑖡𑖲𑖐𑖝 ③ 𑖪𑖰𑖨𑖕 ④ 𑖠𑖨𑖿𑖦𑖡𑖰𑖨𑖿𑖕𑖝 ⑤
𑖦𑖮𑖯𑖦𑖮𑖯 ⑥ 𑖭𑖿𑖪𑖯𑖮𑖯 ⑦

namaḥ① samanta-buddhānāṃ② samantānugata③ viraja④ dharmanir-
jata⑤ mahā mahā⑥ svāhā⑦

歸命① 普遍諸佛② 平等至③ 無塵垢④ 法生⑤ 大大⑥ 成就⑦

八字文殊菩薩

【特德】八字文殊菩薩息災法，可消除國家厄難，或是濟度天象異常、敵國入侵、劫奪百姓、疫情流行、損害國民等災害。

文殊師利菩薩（梵名 Mañjusri），梵名音譯為文殊尸利、曼殊師利、曼殊室利、滿祖室哩，簡稱文殊。又名文殊師利法王子（梵 Mañjusrikumarabhūta），或文殊師利童真、文殊師利童子菩薩、孺童文殊菩薩。在其他經典中，又有妙德、妙首、普首、濡首、敬首、妙吉祥等名號。在密教當中則有般若金剛、吉祥金剛、大慧金剛、辯法金剛等密號。與普賢菩薩同為釋迦牟尼佛之左右脇侍，世稱「華嚴三聖」。

在《大乘本生心地觀經》中，稱文殊菩薩為「三世覺母妙吉祥」。

雖然文殊菩薩示現為菩薩，但是依各經典中所述，此菩薩不僅是過去及現在

八字文殊菩薩

已成之如來，於未來也將圓滿佛果。

文殊菩薩常與普賢菩薩同侍釋迦牟尼佛，是釋迦牟尼佛所有菩薩弟子中的上首，所以又稱爲文殊師利法王子。其常以仗劍騎獅之形像出現，代表著其法門的銳利。以右手執金剛寶劍，斷一切眾生的煩惱，以無畏的獅子吼震醒沉迷的眾生。這是文殊菩薩的基本形象。

除此之外，文殊菩薩相應於娑婆世界有情眾生的因緣，亦有種種不同形象的示現，如《清涼山志》卷四中，所載〈文殊菩薩顯應錄〉，就有種種不同的形象。而一般文殊菩薩的塑像則有僧形文殊、兒文殊、一髻文殊、五髻文殊、八髻文殊、六字文殊的尊形。

文殊表一切如來之智慧，所以胎藏界之文殊，以左手持青蓮花，象徵無相智德不染著法；而金剛界之文殊，右手持利劍代表以其能斷煩惱故。又，文殊菩薩乘獅子者，爲金剛界之文殊；坐白蓮華者，是胎藏界文殊。

其中八髻文殊特別相應於息災祈福之法。

文殊師利菩薩在《大聖妙吉祥菩薩秘密八字陀羅尼修行曼荼羅次第儀軌法》

舉出八字真言：唵阿味囉吽佉左洛，故稱八字文殊。

因爲其頂上有八髻，所以又稱八髻文殊菩薩。通常於息災、惡夢等場合修此法。其形放金色光明，乘獅子王座，右手持智慧劍，左手執青蓮花，於蓮花臺上安立智杵。

在《白寶口抄》卷第八十六中並說：「若欲建立息災曼陀羅者，於清淨伽藍處，或於深山吉祥勝上之地，建立道場，發悲願心，造曼荼羅，而作八字真言念誦。」

其中並說，此八字文殊息災法，可用於國家帝王身有厄難，或是天象異常，敵國入侵，劫奪百姓，或是大臣叛變，用兵不利，疫情流行、損害國民等。

在《法寶藏陀羅尼經》中說，受持八字文殊真言，可以獲得十種果報：一者，國中無有他兵怨賊侵境相嬈。二者，不爲日月、五星、二十八宿諸惡變怪而起災患。三者，國中無有惡鬼神等行諸疫疾，善神衛國、萬民安樂。四者，國中無諸風火、霜雹、霹靂等難。五者，國土一切人民不爲怨家而得其便。六者，國中一切人等不爲諸魔所逼。七者，國中人民無諸橫死者。八者，不值惡王行虐苦，無非時風暴損苗稼，五穀熟成，甘果豐足。九者，善龍入境，及時降雨，非時不雨，名華藥木悉皆茂盛。天人仙類時時下現，無有旱澇不調之名。十者，國中人民不爲虎狼咒獸諸惡雜毒之所損害。

◎八字文殊（八髻文殊）真言

唵① 阿(入引)② 味(入引)③ 囉④ 吽(引)⑤ 佉⑥ 左⑦ 洛⑧（八字軌）

oṁ① āḥ② vī③ ra④ hūṁ⑤ kha⑥ ca⑦ raḥ⑧

阿① 尾② 囉③ 吽④ 佉⑤ 左⑥ 嚕⑦ 曇⑧（大日如來劍印）

a① vi② ra③ hūṁ④ kha⑤ ca⑥ raḥ⑦ dhaṁ⑧

虛空藏菩薩

【特德】修持虛空藏菩薩法能懺除一切罪障，現世無諸災患，國土疾疫消滅。

虛空藏菩薩（梵名Ākāśa-garbha），又譯爲虛空孕菩薩。相傳此菩薩所具有的福智二藏，無量無邊，猶如虛空，因此乃有此名。在密教中，此菩薩爲胎藏界曼荼羅虛空藏院之主尊，及釋迦院釋迦之右方脇士，亦爲金剛界賢劫十六尊之一。

依《虛空藏菩薩神咒經》所載，世尊讚歎虛空藏菩薩：：禪定如海，淨戒如山，智如虛空，精進如風，忍如金剛，慧如恒沙；是諸佛法器，諸天眼目，人之正導，畜生所依、餓鬼所歸，在地獄救護眾生的法器。應受一切眾生最勝供養。可見此菩薩功德之殊勝。

虛空藏菩薩

依《大集大虛空藏菩薩所問經》所敘述，佛說是虛空藏菩薩經典時，有一魔子名爲惡面，於眾魔中爲最上首，此魔樂爲非法，便想用種種方法，令如是經隱沒於地，不得流布。於是，虛空藏菩薩便依佛陀教勅，宣說摧伏制止諸魔眷屬明真言句。

當虛空藏菩薩說是真言已，即時三千大千世界六種震動。而彼惡魔心無淨信，不樂法者，聞空中聲曰：「若有聞此明真言句，若魔、若魔男、若魔女、若魔民，不發阿耨多羅三藐三菩提心，不捨魔業者，則令金剛手藥叉，以大火焰金剛之杵，摧碎其頂。」

爾時，魔眾聽聞此言皆心驚毛豎，即皆同時仰觀虛空，卻見有五百大金剛手，各各於惡魔頭上，欲擊打魔眾，因此魔眾悉皆怖懼，一時咸發起阿耨多羅三藐三菩提心。

由這因緣可略窺虛空藏菩薩不可思議的威神之力。

虛空藏菩薩除了有大威勢力可摧破諸障、繫縛一切魔眾外，更有無量不思議的福智方便，以濟度諸有情。如《大集大虛空藏菩薩所問經》所記載，虛空藏菩薩不僅能雨種種珍寶予眾生，尚能雨諸藥草、甘露妙藥，除愈眾生病苦，更於空中出大光明，照一切捺落迦傍生鬼趣，息彼三惡趣有情眾苦，得受安樂。

此外，經典中還記載有虛空藏菩薩度脫五百人免於賊難的故事。據述，往昔王舍城有五百丈夫被賊欲害，即聞空中聲曰：「汝等當知有菩薩名大虛空藏，能於怖畏諸有情類施於無畏，汝等應當歸依稽首，必無所害。」

於是此五百人皆共一心，稱念「南無大虛空藏菩薩！」

作是語時，虛空藏菩薩化五百人從虛空下，住彼人前告諸賊言：「這些商人如此貧匱，何必殺害他們？你寧殺我等！我等當予汝衣服、瓔珞、所須之物，令汝等無所匱乏，勿斷彼五百商人命。」

因此彼諸賊眾即殺化人，而五百人咸離怖畏，安然度脫此難。

《虛空藏菩薩經》中更說：「若有眾生聞虛空藏菩薩摩訶薩名，或造形像，或設供養，是人現世無諸災患，水不能漂，火不能燒，刀不能中，毒不能中，人及非人無能爲害，亦無囹圄、盜賊、怨家、諸惡疾病、飢渴之苦，隨壽長短必無夭橫。」彼眾生臨命終時，虛空藏菩薩將隨彼眾生所事之神，而現種種身爲其說要偈，使其不墮惡趣，速免生死。

又說：「若有眾生欲入大海，欲為商賈，欲服湯藥而求力驗，欲脫繫縛，欲脫枷鎖，欲求免脫輸送財物，若愛別離，若怨憎會，欲避水火，欲避盜賊，欲避師子，欲避虎狼毒蛇之難，欲免疾病飢渴之患，欲求尊位，有如是等諸所求欲，稱虛空藏菩薩摩訶薩名，恭敬供養虛空藏菩薩摩訶薩，皆令滿願。」

此外，虛空藏菩薩並有懺罪法，業障清淨時，若於夢中、若坐禪時，虛空藏菩薩以摩尼珠印，印彼人臂，印文並有除罪字。

另依佛典記載，虛空藏菩薩對一切眾生慈愍，常加以護持，如果有人至誠、如法地禮拜過去世三十五佛之後，再稱念虛空藏菩薩的名號，或是依其懺罪法如法懺悔，則此菩薩當會現身加以庇佑。

依佛典所載，佛陀曾付囑護世四天王、天帝釋、梵天王等，皆當擁護諸說法師、持此經者，使他們在宣說此世所難信甚深經典時，無所障礙。若得重病，若鬪諍時起，若國土疾疫，如是等事起時，以呪術力故，即令消滅不得成就。

因此，虛空藏菩薩有不可思議之大威德，修其法可滅罪除障，消災增福。

⊙虛空藏菩薩的尊形

虛空藏菩薩在胎藏曼荼羅虛空藏院中爲主尊，身呈肉色，頭戴五佛冠，右手屈臂持劍，劍緣有光焰；左手置於腰側，握拳持蓮，蓮上有如意寶珠，坐於寶蓮華上。其所持的寶珠、劍，即代表福德、智慧二門。頭戴五佛寶冠，表示具足萬德圓滿之果德。右手持的寶劍表示其內證之智，身後之慧、方、願、力、智五波羅蜜菩薩由此出生。

另於釋迦院中，右手執拂，左手持蓮，蓮上有綠珠，立於平敷蓮座上。若爲彰顯果德則身色爲黃金色。此外在《觀虛空藏菩薩經》中則描述：爾時當起是想是虛空藏菩薩，頂上有如意珠，其如意珠作紫金色。若見如意珠，即見天冠，此天冠中有三十五佛像，現如意珠中，十方佛像現虛空藏菩薩身，長二十由旬。若現大身，與觀世音等。此菩薩結跏趺坐，手提如意珠玉，如意珠演眾法音。

《覺禪鈔》舉《理趣釋》上云：虛空藏菩薩背月輪，右手持金剛寶，左手施願，半跏而坐。又說：「念誦結護云，虛空藏菩薩身如紫金色，頂戴五佛，左施無畏，右持青蓮花，花中有紅頗梨寶，菩薩於中乘青蓮花，坐月輪中。」

此外，虛空藏菩薩也常化現爲天黑後第一顆出現的明星，因此也被認爲與明星天子是同體所現。

⊙五大虛空藏菩薩

五大虛空藏菩薩，又作五大金剛虛空藏。是指法界虛空藏、金剛虛空藏、寶光虛空藏、蓮華虛空藏、業用虛空藏等五菩薩，又稱解脫虛空藏、福智虛空藏、能滿虛空藏、施願虛空藏、無垢虛空藏；或稱智慧虛空藏、愛敬虛空藏、官位虛空藏、能滿虛空藏、福德虛空藏。是大日、阿閦、寶生、彌陀、釋迦五佛各住於如意寶珠三昧之義，五菩薩即五佛所變現，成就五智三昧而成立此五大菩薩。

又以五大虛空藏菩薩爲本尊之修法，稱爲五大虛空藏法，多於祈求增益或天變時修之。

台北郵政第26～341號信箱

全佛文化事業有限公司

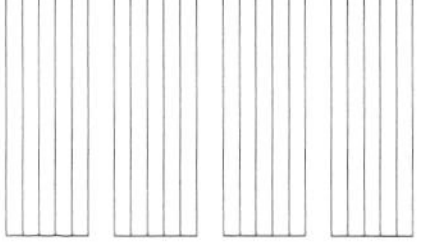

廣告回信
台灣北區郵政管理局登記證
北台字第8490號

地址：　　市縣　　鄉鎮市區　　路(街)　　段　　巷　　弄　　號　　樓

請寫郵遞區號……………

姓名：

全佛文化事業有限公司
讀者回函卡

請將此回函卡寄回，我們將不定期地寄給您最新的出版資訊與活動。

購買書名：________________

購買書店：________________

姓　　名：________________ 性　　別：□男　□女

住　　址：________________

E-mail：

連絡電話：(O)________________ (H)________________

出生年月日：________年________月________日

學　　歷：1.□高中及高中以下　2.□專科　3.□大學　4.□研究所及以上

職　　業：1.□高中生　2.□大學生　3.□資訊業　4.□工　5.□商
6.□服務業　7.□軍警公教　8.□自由業及專業　9.□其他____
職務：________修持法門：________依止道場：________

本書吸引您主要的原因：

1.□題材　2.□封面設計　3.□書名　4.□文字內容　5.□圖表
6.□作者　7.□出版社　8.□其他________

本書的內容或設計您最滿意的是：

____

對我們的建議：

____

⊙虛空藏菩薩的種子字、真言

種子字：（trāḥ）或（trāṃ）或（oṃ）或（ā）或（ī）

【真言】

唵① 嚩日羅② 羅怛曩③ 吽④

oṃ① vajra② ratna③ hūṃ④

歸命① 金剛② 寶③ 能生④

伊① 阿迦奢② 三曼多③ 奴揭多④ 鞞質哆嚂麼嚩囉⑤ 馱囉⑥ 莎訶⑦（胎藏界）

ī① ākāśa② samanta③ anugata④ vicitrāmbara⑤ dhara⑥ svāhā⑦

伊（種子：自在之義）① 虛空② 等③ 得④ 種種衣⑤ 著⑥ 成就⑦

大隨求菩薩

【特德】大隨求菩薩能隨眾生之祈求，而為其解除苦厄、消滅惡趣，圓滿一切眾生希望。其尚能護衛國土，使之風調雨順，無諸農害。

大隨求菩薩（梵名 Mahā-pratisāra），梵名音譯爲摩訶鉢羅底薩落，或有說爲觀音菩薩之變化身，略稱隨求菩薩，能使一切眾生所求圓滿。在現圖胎藏界曼荼羅中，此尊位居觀音院。此一菩薩能隨眾生之祈求，而爲其除苦厄、滅惡趣，能圓滿一切眾生希望，因此稱爲大隨求。

依《大隨求陀羅尼經》所記載，如果有人聽聞其咒，即能消滅罪障。若受持讀誦，則火不能燒、刀不能害、毒不能侵、能得一切護法的守護。若書寫其咒懸於臂上及頸下，則此人能獲得一切如來的加持。

又，此陀羅尼尚能護諸國土，使之風調雨順，無諸農害。如經中云：若有書

大隨求菩薩

寫此陀羅尼安於幢刹，能息一切惡風雹雨、非時寒熱、雷電霹靂；能息一切諸天鬥諍言訟；能除一切蚊虻、蝗蟲，及諸餘類食苗稼者悉當退散；一切苗稼、花果、藥草悉皆增長，其味香美、柔軟潤滑；若其國內旱澇不調，由此陀羅尼威力，龍王歡喜雨澤及時。

於《佛說隨求即得大自在陀羅尼神咒經》中，言此大隨求菩薩神咒之功德：此隨求即得大自在陀羅尼神咒，能與一切眾生最勝安樂，不為一切夜叉羅刹，及癲癇病、餓鬼、塞犍陀鬼、諸鬼神等作諸惱害，亦不為寒熱等病之所侵損。所在之處恆常得勝，不為鬥戰怨讎之所侵害，能摧他敵，厭蠱咒詛不能為害，先業之罪悉得消滅，毒不能害、火不能燒、刀不能傷、水不能溺，不為雷電霹靂及非時惡風暴雨之所損害。

若有受持此神咒者，所在得勝，若能書寫帶在頸者、若在臂者，是人能成一切善事最勝清淨，常為諸天龍王之所擁護，又為諸佛菩薩之所憶念，諸天神眾恆常隨逐而擁護。若有女人受持此神咒者，有大勢力常當生男，受持胎時，在胎安隱，產生安樂無諸疾病。眾罪消滅必定無疑，以福德力財穀增長。所說教令人皆信受，常為一切之所敬事。

關於其靈驗，據《普遍光明清淨熾盛如意寶印心無能勝大明王大隨求陀羅尼經》所載：

往昔在大梵烏禪那城，有一人犯了重罪，當處極刑，由於此罪人事先於右臂佩帶隨求無能勝陀羅尼，心中虔誠憶念的緣故，依此大明咒之威力，行刑之刀立即斷壞。國王聽聞此事，又將此罪人送至藥叉窟，欲令窟中藥叉眾食此罪人。然此罪人依佩帶大隨求陀羅尼威德力的緣故，諸藥叉眾悉見罪人身上有大光明，熾盛晃曜，各皆驚惶恐怖，便送此罪人至窟門外，並向其禮拜。

國王知道後，又命人將此罪人捆綁起來扔入深河中，誰知此罪人才入河中，河便枯竭，罪人身上繫縛的繩索也自動斷裂。大王聽聞此事，心中十分驚怪，便傳喚罪人問明緣由。國王知道是隨求陀羅尼威勢力的緣故，歡喜踴躍，隨即取彼隨求供養禮拜，並冊封罪人為城主。

凡是聽聞受持、讀誦、書寫、傳佈大隨求陀羅尼，可以獲得以下功德：火不能燒、毒不能中、降伏鄰敵、破無間獄、除龍魚難、產生安樂、免除王難、一切所求悉皆滿足等諸種功德。

另在《大隨求即得大陀羅尼明王懺悔法》中，載有「隨求八印」。據載，往昔世尊苦行修學，爲有餘罪，懺謝皆不得盡，才結此契印便即懺悔，所有障難一時蕩盡，得十方諸佛受記，當來得名釋迦牟尼佛。又說，若有一人起慈悲心，結此契，普爲大千稱說，眾生舉印指於十方界，所有眾生一切罪障病苦惱等，一時消滅無有遺餘，便得初地。

若入魔宮結持此契，魔王順伏追捨魔業。若入王宮，結持此印，即起慈忍正法治人。若遭王難等，入州縣等在枷鎖結持此印，枷鎖解脫，官自開恩，兩得和可。若人能日日作此者，一切世間無不調順，龍王歡喜以能降雨，一切世間所有毒害之心皆和悅。若入鬪戰，以此印契指之，兩軍和解，一無所損。

大隨求菩薩之尊形爲：身呈黃色，一面八臂，作無畏狀。所戴寶冠中有化佛，八臂各結印契，所以有八種手印，相應於八印，而有八種真言。在日本密教裏，常用來爲產婦之平安及求子而修。其八手持物分別爲：右手一手持金剛杵，右二手持寶劍，右三手持斧，右四手持三叉戟。左一手持火焰金輪，左二手持輪索，左三手持寶幢，左四手持梵篋。密號為與願金剛，三昧耶形為梵篋。

⊙大隨求菩薩的種子字、真言

種子字：（pra）

【真言】

唵① 跋囉② 跋囉③ 三跋羅④ 三跋囉⑤ 印捺哩也⑥ 毗戍馱𩕳吽吽嚕嚕⑦ 左嚇⑧ 娑縛賀⑨

oṁ① bhara② bhara③ saṁbhara④ saṁbhara⑤ indriya⑥ viśodhani hūṁ hūṁ ruru⑦ cale⑧ svāhā⑨

（有關其長咒，可參閱大正藏第二十冊密教部㈢中，大隨求菩薩的相關經典）

彌勒菩薩

【特德】彌勒菩薩可滅卻眾生無量劫來，種種罪業、災障，給予眾生究竟安樂。

彌勒菩薩（梵名 Maitreya），意譯又作梅怛儷藥、未怛唎耶、彌帝禮、彌帝隸，或梅任梨，意譯作慈氏。是當來下生，繼釋尊之後成佛的菩薩，故又稱一生補處菩薩，補處薩埵或彌勒如來。如果有造惡罪之眾生，聽聞彌勒菩薩的名號，能誠心懺悔，惡業迅疾清淨。

在《賢愚經》中記載：彌勒菩薩之父名爲修梵摩，母稱梵摩提跋，生於南天竺的婆羅門家。因爲菩薩的母親懷孕之後，性情變得慈和悲憫，所以菩薩出生後，即取名爲「慈氏」。而《大日經疏》卷一則記載：慈氏菩薩以佛四無量中之慈心爲首，此慈從如來種姓中生，能令一切世間不斷佛種，故稱慈氏。

彌勒菩薩

彌勒菩薩號爲慈氏，這個名號的建立，最根本是來自其本願所行，在緣起上，他生生世世皆是修習慈心三昧、行慈行來救度眾生。所謂「慈」即是予一切眾生樂之意。彌勒菩薩的特德，是希望在拔除眾生痛苦之後，更進一步給予其安樂，予一切眾生法樂。他涵蓋了世間與出世間，使眾生在世間的生活上能平和地具足一切，在出世間上，則使眾生得到真實的大安樂。

依《慈氏菩薩略修愈誐念誦法》所載，若有善男子、善女人，若依此法印行持供養，從此生已，乃至成佛，遠離下劣所生之處，不墮落於三惡道處。以法印加持的緣故，恒爲護念，念斷煩惱，漸漸證至彼岸也。

另於卷下，則記載有印佛塔滅罪得大悉地之事：「若木刻作千佛印，若河海洲上，印沙爲佛塔，刻木像印沙，成塔三十萬箇，每佛每塔前誦真言一百八遍，供養香花，一一如法念誦，最末後塔上放光明，照觸愈誐者頂上，便得大悉地。證得八地已來菩薩之身，須臾之間三千大千世界、大火德天王、能仁天王等，諸大威德天眾，八十億俱胝天眾，將諸寶臺、寶蓋、伎樂歌詠讚歎。迎將諸佛刹土廣作佛事，現世造十惡五逆罪人，作此印沙佛像塔像，必得大悉地。」

而於《彌勒上生經》亦記載有得聞彌勒菩薩名號之利益功德：「但得聞是彌勒名者，命終亦不墮黑闇處、邊地、邪見、諸惡律儀，恒生正見，眷屬成就，不謗三寶。……若善男子、善女人犯諸禁戒，造眾惡業，聞是菩薩大悲名字，五體投地誠心懺悔，是諸惡業速得清淨。」

由此，我們可知彌勒菩薩不只能予眾生世間安樂，更能滅卻眾生種種生死罪障，得究竟安樂。

在日本，彌勒菩薩則被視為七福神之一；在中國，布袋和尚則被視為其所化現。

彌勒菩薩有諸多不同形像，在金剛界曼荼羅裡是屬於賢劫十六尊之一，安置於三昧耶會等的東方北端，有關其形象有種種說法，現圖胎藏曼荼羅的圖相是身肉色，頭戴寶冠，冠中有卒都婆，左手施無畏，右手持蓮花，花上有寶瓶。

又，《慈氏菩薩略修愈誐念誦法》卷上，以慈氏菩薩為修愈誐曼荼羅的中尊，其形象為身白肉色，頭戴五智如來冠，左手執紅蓮花，於蓮花上畫法界塔印。右手大拇指押火輪甲上，餘指散舒，微屈風幢，有種種寶光，於寶蓮花上半跏趺，以種種瓔珞、天衣、白帶、鐶釧莊嚴。

⊙彌勒菩薩的種子字、真言

種子字：𑖀（a）或𑖧（yu）或𑖪𑖽（vaṁ）

【真言】

唵① 妹怛隸野② 娑縛賀③

𑖌𑖼① 𑖦𑖹𑖝𑖿𑖨𑖸𑖧② 𑖭𑖿𑖪𑖯𑖮𑖯③

oṁ① maitreyā② svāhā③

歸命① 慈氏② 成就③

思惟彌勒

藥王菩薩

【特德】

藥王菩薩能除滅眾生四百四種病苦及邪見、愚癡，免保生於惡道之苦一切煩惱、瞋恚皆不生起。

藥王菩薩（梵名 Bhaiṣajya-rāja），梵名音譯作鞞逝捨羅惹。是《法華經》中，燃燒自身以供養諸佛的大菩薩；也是施與良藥給眾生，以除治眾生身心病苦的大士。

依《觀藥王藥上二菩薩經》所記載，往昔在琉璃光照如來像法時，有一長者名星宿光，因聽聞日藏比丘說甘露法藥及咒願，心大歡喜，以雪山良藥供養日藏比丘等眾僧，且於日藏比丘前發弘誓願，願以此供養功德正心迴向無上正等正覺。

其又有誓願：「我得菩提清淨力時，雖未成佛，若有眾生聞我名者，願得除滅眾生三種病苦：一者，眾生身中四百四病，但稱我名，即得除愈。二者，邪見

藥王菩薩

愚癡及惡道苦，願永不受。我作佛時，生我國土諸眾生等，悉皆悟解平等大乘，更無異趣。三者，閻浮提中及餘他方，有三惡趣名，聞我名者，永更不受三惡趣身。設墮惡趣，我終不成阿耨多羅三藐三菩提。若有禮拜繫念觀我身相者，願此眾生消除三障，如淨琉璃，內外映徹，見佛色身亦復如是，若有眾生見佛清淨色身者，願此眾生於平等慧永不退失。」

當時眾僧服了星宿光長者的雪山勝藥，以藥力故，得除四大增損及煩惱瞋恚二種病。並以此藥的緣故，咸發無上菩提。因此，大眾爲報恩的緣故，因行立名，爲星宿光長老立號爲「藥王」。

這便是藥王菩薩因地發心的因緣及名號的由來。而當時長者的弟弟雷光明也隨喜哥哥的善行，持藥供養眾僧，即是現今的藥上菩薩。

在同經中，藥王菩薩曾承佛威神而說神咒曰：

阿目佉一 摩訶目佉二 痤隸三 摩訶痤隸四 柁翅五 摩訶柁翅六 嵤求利七

摩訶嵤求利八 烏摩致九 摩訶烏摩致十 柁翅柁翅十一 摩訶柁翅十二 兜帝兜帝十三

摩訶兜帝十四 阿偷阿偷十五 摩訶阿偷十六 樓遮迦十七 摩訶樓遮迦十八 陀賒寐十九 摩訶

陀賒寐十二　多兜多兜二十　摩訶多兜三二十　迦留尼迦三二十　陀奢羅莎呵四二十　阿竹丘阿竹丘五二十　摩瞪衹六二十　波登雎七二十　遮拂八二十　遮樓迦拂九二十　佛馱遮犁十三　迦留尼迦一三十　莎呵

並說此神咒殊勝功德：「世尊，如此神咒，過去八十億佛之所宣說，於今現在釋迦牟尼佛，及未來賢劫千佛，亦說是咒。佛滅度後，若比丘、比丘尼、優婆塞、優婆夷，聞此咒者、誦此咒者、持此咒者，淨諸業障、報障、煩惱障速得除滅。於現在身，修諸三昧；念念之中，見佛色身，終不忘失阿耨多羅三藐三菩提心。若夜叉、若富單那、若羅剎、若鳩槃荼、若吉遮、若毗舍闍，噉人精氣一切惡鬼能侵害者，無有是處。命欲終時，十方諸佛皆悉來迎，隨意往生他方淨國。」

因此，若有眾生欲得除滅四重禁罪，欲得懺悔五逆十惡，欲得除滅無限謗法極重之罪，當勤誦藥王菩薩咒。

在經中，佛陀語寶積長者：「未來眾生具五因緣。得聞藥王藥上二菩薩名。何謂為五？一者，慈心不殺，具佛禁戒，威儀不缺。二者，孝養父母，行世十善。三者，身心安寂，繫念不亂。四者，聞方等經，心不驚疑，不沒不退。五者，信佛不滅，於第一義心如流水，念念不絕。」又說「若有眾生具此五緣，生生之處常得聞此二菩薩名及聞十方諸佛菩薩名，聞方等經心無疑慮。以得聞此二菩薩名威神力故，生生之處，五百阿僧祇劫不墮惡道。」

此外，在經中尚詳述藥王菩薩的觀想法及其身形、功德：

若有眾生欲觀藥王菩薩者，當修數息想、安定心想、不出息想、念實相想及安住三昧想等五想，若有修此五想者，於一念中便得見藥王菩薩。

藥王菩薩身長十二由旬，隨應眾生或現十八丈或現八尺。身紫金色，三十二相八十隨形好如佛無異。頂上肉髻有十四摩尼珠，其一一珠有十四楞，一一楞間有十四華以嚴天冠。其天冠內有十方佛及諸菩薩，皆悉影現如眾寶窗。眉間毫相白琉璃色，繞身七匝如白寶帳。身諸毛孔流出光明，如摩尼珠，數滿八萬四千；其一一珠宛轉右旋，如七寶城優鉢羅華；一一華上有一化佛，方身丈六如釋迦牟尼；一一如來有五百菩薩以爲侍者。

是藥王菩薩其兩脩臂如百寶色，手十指端兩諸七寶。若有眾生觀此菩薩十指端者，四百四病自然除滅，身諸煩惱皆悉不起。其兩足下雨金剛寶，一一珠化成雲臺，其雲臺中有化菩薩，無數諸天以爲侍者，時化菩薩演說四諦苦、空、無常、無我，亦說甚深諸菩薩行。

佛滅度後，若有四眾，能如是觀藥王菩薩者，能持藥王菩薩名者，除卻八十萬劫生死之罪；若能稱是藥王菩薩名字，一心禮拜不遇禍對，終不橫死。

此外，《法華經》中另載有藥王菩薩往昔爲一切眾生喜見菩薩時，於日月淨明德如來在世前，受持《法華經》燃臂供佛、舍利的因緣。而藥王菩薩亦於法華會上說陀羅尼神咒守護說法華經者。因此，若有眾生廣說法華經者，亦能得到此菩薩的守護。

依《法華曼荼羅威儀形色法經》所載，此菩薩的形像是：頂上有妙寶冠，紺髮垂耳側，身相朝日色，左定拳著膝，右惠雲上日，跏趺而坐右足押在左足上，大悲救世之相，身上裝飾著妙好花鬘、天衣及瓔珞，手臂有環釧，細錦繫在腰上，赤綾作爲妙裳，身相殊妙莊嚴，身光遍暉曜，以寶蓮爲座，安住於月輪海中。

⊙藥王菩薩的種子字、真言

種子字：𑖥𑖿𑖜𑗝（bhai）

【真言】

唵① 鞞逝捨羅惹耶② 莎訶③

𑖌𑖼① 𑖥𑖿𑖜𑗝𑖬𑖕𑖿𑖧𑖨𑖯𑖕𑖯𑖧② 𑖭𑖿𑖪𑖯𑖮𑖯③

oṁ① bhaiṣajya-rājāya② svāhā③

歸命① 藥王② 成就③

妙見菩薩

【特德】

妙見菩薩具有攘除災厄，守護國土，消除災障，退卻怨敵，治癒眼疾等廣大救濟群生之功德。

妙見菩薩（梵名 Sudṛistiḥ），是由北極星示現的菩薩，為一切星宿中之最勝者。又稱尊星王、北辰菩薩、妙見尊星王。此菩薩具有守護國土、消災卻敵等功德。

在《七佛八菩薩所說大陀羅尼神咒經》卷二中記載：北辰菩薩名曰妙見，其宣說神咒，擁護諸國土，所作甚奇特，故名曰妙見。處於閻浮提，是眾星中最勝，神仙中之仙，菩薩之大將，諸菩薩之光目，曠濟諸群生。有大神咒名胡捺波，擁護國土，幫助國王消災卻敵。

相傳，妙見菩薩是漢地國王班足王之子，其母名勝操女。班足王有三個兒子，一名阿閦，二名治閦，三名哆閦，哆閦即是妙見菩薩。此菩薩往昔前去參訪藥師如來，禮拜供養，習得如意萬術力。住於摩利耶山，在一萬年內難行能行，能以神通自在之力，度化南閻浮提眾生。妙見菩薩為定光如來左脇士，其淨土在北方名微妙，在彼淨土，菩薩以弘誓本願力故，成為北方辰星，化度眾生。

在《妙見神咒經》中說：「我北辰菩薩，名曰妙見，擁護諸國土，眾星中最勝，神仙中之仙，菩薩大將，廣濟諸群生，能作諸國王，消災卻怨敵。」同經中

妙見菩薩

又說：「四天下一切國事我悉掌之，諸國王及人民敬三寶、愍一切、心行平等。攣諸天善神一千七百，護國土致福。」

《妙見陀羅尼經》卷下又說，大雲星光菩薩是妙見菩薩，有此娑婆世界北方，故名北辰，能救諸眾生，令獲諸吉祥福，故名為妙見菩薩。

同經中又說：爾時大雲星光菩薩白佛言：「世界妙見菩薩，以何因緣名妙見？」

佛告大雲光菩薩：「善男子！若有無量無邊眾生，受諸極苦惱，聞妙見菩薩名，至心誓願，向正北方稱名，妙見菩薩即時悉皆解脫，令得安穩。」

在密教，以此菩薩為本尊而修的法，稱為妙見法、北辰法、尊星法，可攘除災厄，守護國土，治癒眼疾。

此菩薩的形像或作菩薩形，或作乘龍於雲中之天女形。有二臂、四臂之分。其中，二臂像是左手持蓮華，蓮上有北斗七星，右手的拇指、食指相捻，中指稍屈，掌向外，作說法印，頭戴寶冠，結跏趺坐於五色雲中。

蘘麌梨童女

【特德】

蘘麌梨童女以銷伏諸種毒害為本誓，能治一切世間萬種之毒，並不令諸惡毒龍蛇侵遶眾生，也能除滅眾生各種身毒、心毒之苦。

蘘麌梨童女（梵名 Jānguli），又作常求利、常瞿梨、常瞿利、蘘麌哩曳、穰麌梨、蘘俱梨。爲觀自在菩薩之化身，住香醉山，飲毒漿，食毒果，以銷伏諸種毒害爲其本誓。示現女相，故稱童女，又稱毒女；然以實非女故，又稱童子。

在《觀自在菩薩化身蘘麌哩曳童女銷伏毒害陀羅尼經》中，記載有佛陀昔日與蘘麌梨童女相遇的因緣，依經中描述：「我念往昔，住雪山北遊香醉山，見一童女，百福相好莊嚴其身。鹿皮爲衣，以諸毒蛇而爲瓔珞，將諸毒蟲、虎狼、師子前後圍遶，常爲伴侶。飲毒菓漿、食毒草果，彼女見我作如是言：『仁者聽我宣說一大真言，能除世間一切諸毒，若人聞此咒及念我名者，不被一切諸毒所害

蘘麌梨童女

。』」

在《佛說瞿利毒女陀羅尼咒經》中，佛陀並且告訴參與法會的大眾：「若救世界眾生毒者，爾時常瞿利童子神咒悉能治之。

此常瞿利雖現女身，實非女也。善男子！諸佛菩薩智惠神通，能爲眾生現種種身，攝化諸毒，不令諸惡毒龍蛇侵遶眾生。若人聞常瞿利大明身咒，卻後七年不被毒所傷害，亦能摧滅身中毒惡……此常瞿利毒女身咒，能治一切世間萬種之毒，蛇蝛、蝎噆、惡瘡、瘍瘡癰疽、丁瘡、山源溪毒、生金毒藥及諸蠱毒，但咒水服及水噝唅咒水，若咒毒三遍，每念七遍，一切諸毒根本自出，毒不能害。若患溪毒，咒水洗身並服咒水，一切溪毒盡皆消滅。若能志心供養恭敬受持神咒，得無量福。」

由上可知，此蘘麌梨童女能消伏種種毒害，雖現女相，實非女也，乃菩薩之慈悲方便之化現。

最重要的是，如《佛說穰麌梨童女經》所說，「若人受持此經日誦一遍，非但滅世間諸毒，亦能除滅身中三毒。」因此，正如孔雀明王非惟能療治世間諸毒，更能噉食眾生心中一切五毒煩惱，此尊亦能予眾生究竟的菩提利益。

據經典所述，此蘘麌梨童女及其陀羅尼咒有大威勢力，據載，當童女爲佛陀宣說此咒時，其雪山中有五千毒惡龍蛇，聞此咒聲，悉悶絕。一時頭破，鱗甲四散，毒蛇牙落，頭皮星散，破破血流，悉皆自縛，不能動止。幸賴世尊宣說心咒才得蘇息。

關於此尊身形，據相關經軌所載，「欲作法除毒之時，觀想自身爲穰麌梨童女，身綠色，狀如龍女。具足七頭，項有圓光。應想四臂：右第一手持三戟叉，第二手執三、五莖孔雀尾；左第一手把一黑蛇，第二手施無畏。又想七寶瓔珞、耳璫、環釧、臂腳釧莊嚴其身，並以諸蛇用爲瓔珞。想從一一毛孔，流出火焰。」

又說，「當須畫常瞿利形作一童女，百福相好莊嚴其身，皮爲衣，著嬌奢耶衣，大神車輪髻。右手執降毒釼，左手把管毒木印。遍身瓔珞、毒蛇相縛環釧毒蛇。面前畫一青衣童子，把水椀及香案，百種毒菓子及諸毒漿，普在常瞿利面前。遍四面各畫山，山兩邊畫虎狼、師子、蚖蛇、毒龍、蝮蝎，諸惡毒蛇四面周圍。」

除以上童女之相外，在法賢所譯《瑜伽大教王經》卷二中，另有童子相：穰鷹利菩薩作童子相，頭有七龍，頂戴阿閦佛，面現喜怒相，以大龍繫腰，坐於蓮花上。身相金色，放赤圓光，六臂三面各三目。右第一手持金剛杵，第二手持劍，第三手作舞勢及持箭；左第一手持羂索及作期剋印，第二手持尾沙華，第三手持弓。

關於此尊身相表徵，在《白寶口抄》卷百五十三中，或說此童女為東方藥師如來化身，故顯七頭，表示身七佛藥師。而手持三、五莖孔雀尾則是除災的表徵。又說，孔雀尾者，西方無量壽佛所座，此鳥食毒蟲為命，彌陀亦如是斷眾生所造惡毒罪，令證常住不壞之壽命，故以孔雀為座。三莖者，拂三毒令證三部如來；五莖者，拂五煩惱，令得五智覺果義也。三戟叉者，鉾也，是幢義，東方淨菩提心阿閦佛也。黑蛇者，南方寶生佛，彼教令軍荼利以蛇為瓔珞，是七識相應煩惱蛇故也。施無畏印者，北方不空成就佛，此尊施無畏印也，故此尊四智具足尊，不二法性大日也。」

為銷滅世間諸毒而奉其為本尊之修法，稱蘘鷹哩童女法。

此尊三昧耶形爲黑蛇或三五莖的孔雀尾，其中黑蛇者，殊毒惡體，表降諸毒龍蛇等，不令眾生侵害，是此尊本誓也。而孔雀尾者，象徵除災的意義。又因爲孔雀鳥食諸毒蟲，又表示拂去眾生內外障礙災難，令其得以離苦。

⊙蘘麌梨童女的種子字、真言

種子字：（hūṃ）、（oṃ）、（huḥ）、（bhuḥ）

【真言】

唵① 阿枲爾賀吠② 戌攞爾賀吠③ 縛日囉迦曳④ 仡羅娑仡羅娑⑤ 入縛羅入縛羅⑥ 摩賀迦里⑦ 摩賀喻祇濕縛里曳⑧ 唵⑨ 頗蘇⑩ 普吒囉奚⑪ 娑縛賀⑫ 吽發吒⑬ 娑縛賀⑭

oṁ① asijihve② śūlajihve③ vajrakāye④ grāsa-grāsa⑤ jvala-jvala⑥mah
ā-kāri⑦ mahā-yogīśvarye⑧ oṁ⑨ phaṭāi⑩ poṭalake⑪ svāhā⑫ hūṁ-phaṭ⑬
svāhā⑭

歸命① 劍舌② 鎗舌③ 金剛身④ 養育食物⑤ 光明光明⑥ 大妙土⑦ 大相
應自在⑧ 三身⑨ 蛇冠（？）⑩ 補陀落山⑪ 成就⑫ 障摧破⑬ 成就⑭

第三章 明王部

不動明王

不動明王示現忿怒相，常住火生三昧，焚燒內外障難及諸穢垢，其修法能息止天災，停止大風雨，也常用於消除疾病、傳染病及種種障礙、災難。

【特德】

不動明王（梵名 Acalanātha），密教五大明王之一或八大明王之一，又稱不動金剛明王、不動尊、無動尊、無動尊菩薩，密號爲常住金剛。

不動明王

《大日經疏》卷五中說，不動尊雖久已成佛，但以三昧耶本誓願故，示現奴僕三昧，爲如來僮僕執作眾務，所以又名不動使者、無動使者，受行者的殘食供養，常晝夜擁護行者，令其成就圓滿菩提。

不動明王，通常被視爲是大日如來的應化身，受如來的教命，示現忿怒相，常住火生三昧，焚燒內外障難及諸穢垢，摧滅一切魔軍冤敵。

在《勝軍不動明王四十八使者秘密成就儀軌》中，不動明王的誓願爲：「

見我身者，得菩提心，

聞我名者，斷惑修善，

聞我說者，得大智慧，

知我心者，即身成佛。」

他更如影隨形守護眾生之菩提心，直至成佛。由於不動明王的悲心與威力，能強力去除眾生的一切災難障礙。在相關經典中，常可見到不動明王消除災障的修法。

如在《立印軌》中說，於忿怒誦吽字真言，能生雲雨。《底哩經》中也說，行者結心印稱吽字，一切惡雲退散，並說，取棘刺和羅視迦油，加持焚燒，能使大雨停止，又說，以刺木作護摩事業，能停止大風雨，成就眾事。

不動明王法除了有以上息止天災的功能外，其修法也常用於消除疾病、傳染病及種種障礙災難。

《底哩三昧耶經》中說：「此秘密明威勢，能除一切有情種種障難，乃至佛道樹下，以此真言力故，一切魔軍無不散壞，何況世間所有一切障礙？」這都是不動明王慈救咒的威力所致。

而在《立印軌》中也提及供養不動明王的方法：

「若能於每日，誦一百八遍，

無動尊常逐，修真言菩薩，

每食餘殘者，以置於淨處，

奉獻無動使，隨心獲悉地。」

而《安鎮軌》也說，上從天宮，下至黎庶，悉行此法。若不遍行，無有此處，皆於所居安置形像，勿生怖畏。我以本願不捨眾生，常居一處渾同穢惡，悉令清淨。

《立印軌》中說：「有病患者，當結龍王身印加持，即執劍，劍上運心觀想阿字變成金龍，忿怒光曜之貌，令視病人，即得除差。」

又說：「若纔憶念是威怒王，能令一切作障難者皆悉斷壞，一切障者不聽親近，常當遠離，是修行者所住之處，無有魔事及諸鬼神。」

經中又說：「用乳作火法，誦一千八返，沃火燒，能除疫病。又取俱屢草和蘇乳密等，沃火中燒，誦十萬返，能滅大疫病。」

此外，以手作劍印，誦持「不動使者避一切惡毒咒」，如此七返訖，移置安於頂上，若有人服毒欲死者，以此印咒七返，即可康復。

在《使者法》中說：不動明王尊是毗盧遮那佛化身，行者一持之後，則生生加護，若求無上出世菩提者，應當清淨梵行，一心精進，當得種種不思議三昧、不思議境界、不思議神通、不思議辯才、不思議力用。

所以《勝軍不動軌》中說：「一持秘密咒，生生而加護，隨逐不相離，必昇花藏界。」

總之，不動明王不但能爲眾生消除災障，還能予眾生究竟利益，使眾生發起無上菩提心，並時時守護、增長眾生，令生成佛果。終不退失菩提因，不墮在非道。而不動法者，即是能護菩提心之意，亦即守護諸佛菩薩眾生菩提。

⊙不動明王的尊形

關於此尊的形象，依據不同的經典、傳承，有諸多不同法相，隨緣示現。據《大日經》〈具緣品〉、《底哩三昧耶經》等所述，右手持劍（斷煩惱惡魔）、左手持索（示自在方便），頂有七髻，安坐在磐石上，爲最常見的身相。

其他如，《不動使者法》中云：「當畫不動使者，身赤黃色，上衣斜帔青色，下裳赤色，左邊一髻黑雲色，童子相貌。右手執金剛杵，左手執羂索，口兩邊微出少牙，怒眼赤色，火焰中坐石山上。」

而一卷《底哩法》中則記載：畫不動尊，著赤土色衣，左垂辮髮，眼斜視，童子形。右手執金剛杵當心，左手執寶棒，眼微赤，坐蓮華上，瞋怒相，遍身火焰。

另外，不動明王也有多臂的法像，如《安鎮軌》中描述：「作四臂大嚴忿怒身，紺青色洪滿端嚴，目口皆張，利牙上出，右劍左索，其上二臂在口兩邊，作忿怒印，身處八輻金剛輪。」在世間的十二天中，則以此四臂的不動尊為首領。

◎不動明王種子字、真言

種子字：（hmmāṁ）或（hāṁ）或（hūṁ）

【真言】

中咒（慈救咒）

曩莫① 三曼多縛日羅赧② 戰拏③ 摩訶路灑拏④ 薩頗吒也⑤ 吽⑥ 怛羅迦⑦ 悍漫⑧

namaḥ① samanta-vajrāṇāṁ② caṇḍa③ mahā-roṣaṇa④ sphaṭaya⑤ hūṁ⑥ traka⑦ hāṁm aṁ⑧

歸命① 普遍諸金剛② 暴惡③ 大忿怒④ 破壞⑤ 吽（恐怖之義）⑥ 堅固⑦

悍漫（種子）⑧

小咒

南麼① 三曼多伐折囉赧② 悍③

namaḥ① samanta-vajrāṇāṃ② hāṃ③

歸命① 普遍諸金剛② 悍（種子）③

施食眞言

曩莫① 三曼多縛日羅赧② 怛羅吒③ 阿謨伽④ 戰拏⑤ 摩賀路灑儜⑥ 娑頗吒野⑦

吽⑧ 怛羅麼野⑨ 吽⑩ 怛羅吒⑪ 唅鋡⑫

namaḥ① samanta-vajrāṇāṃ② traṭ③ amogha④ caṇḍa⑤ mahā-roṣaṇa⑥

sphaṭaya⑦ hūṃ⑧ tramaya⑨ hūṃ⑩ traṭ⑪ hāṃ māṃ⑫

歸命① 普遍諸金剛② 怛羅吒（殘害破障之義）③ 不空④ 暴惡⑤ 大忿怒⑥ 破壞⑦ 吽（恐怖之義）⑧ 堅固⑨ 吽⑩ 怛羅吒（殘害破障之義）⑪ 唅 䶫（種子）⑫

降三世明王

修持降三世明王法，不但能使一切諸魔眷屬不再繼續作障礙，反而擁護行者入於正法。

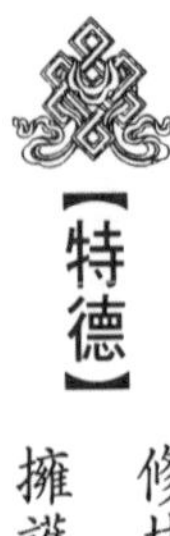

【特德】

降三世明王（梵名 Trailokya-vijaya），漢譯有勝三世、聖三世、月黶尊、金剛摧破者，忿怒持明王尊等名。是密教五大明王之一，爲東方阿閦佛的教令輪身（忿怒身）。

由於他能降伏眾生三世的貪瞋癡，所以名爲降三世。與勝三世明王是同體異名。但在胎藏界現圖曼荼羅持明院分別繪有降三世、勝三世二尊，恐因於《大日

降三世明王

經》及《大日經疏》中，將「降三世」及「勝三世」二語詞混用之故；而曼荼羅所繪二臂的勝三世是依《大日經》，八臂的降三世則爲依據其他經軌而來。二者的本誓並無不同。

降三世的形像有三種，比較常見的是三面八臂相。臉上有三目，周身忿怒火焰，如同不動明王一般，也是現忿怒像。除了左右第一手結印當心外，其餘各手各執不同法器，右邊是三股鈴、箭與劍。左邊所持的是三股戟、弓與索。左足踏著大自在天，右足踩著烏摩妃。

相傳，由於天神剛強冥頑，因此降三世明王，乃現大忿怒身來降伏教化。當時天界各尊大多能夠奉其教敕，可是大自在天自以爲是三界之王，故與烏摩天妃都不肯降伏，所以降三世明王才現出大忿怒相來懾伏他們。也因此之故，有些書上才說「降三世」的意思，指的是降伏三界之王——大自在天。

與之同體的勝三世明王，其形像在《大日經》〈具緣品〉內說是青色身，頭髮如馬髻，有三隻眼睛，現忿怒形，雙牙向上突出，左手持三鈷杵，右手持二端有三鈷戟，坐於磐石上，以迦樓羅炎圍繞四周。

依密教所傳，修習降三世明王法的主要功能是調伏，尤其是降伏天魔，如果持誦此一明王的真言，則無量無邊魔界則無法作祟。凡有意干擾修行者的諸魔眷屬，聽到此一明王的真言時，不但都不能繼續作障，而且反而成爲修行者的僕從。

此一明王的印契，威力也與其真言相同，作障之諸魔如果見到這一手印，則必立即遠離。

《極深密門》云：若欲濟助重病人者，對像前咒香水一百八遍，急撮入病者腹懷內則醒起。

又，若欲留癲病者，取龍水咒一百八遍，洗二眼口舌等，自然消滅，無有他病。

《千手軌》云：由結此印，誦真言住此忿怒三摩地，身心所有煩惱業障，以金剛猛利慧火，焚燒悉成灰燼。

⊙降三世明王的種子字、真言

種子字：𑖮𑖳𑖽（huṃ）或 𑖀（a）

【真言】

唵① 蘇婆② 儞蘇婆③ 吽④ 蘖哩訶拏⑤ 蘖哩訶拏⑥ 吽⑦ 蘖哩訶拏⑧ 播野⑨ 吽⑩ 阿曩野⑪ 斛⑫ 婆誐鑁⑬ 縛日羅⑭ 吽發吒⑮

𑖌𑖼① 𑖭𑖲𑖽𑖥② 𑖡𑖰𑖭𑖲𑖽𑖥③ 𑖮𑖳𑖽④ 𑖐𑖴𑖮𑖿𑖜⑤ 𑖐𑖴𑖮𑖿𑖜⑥ 𑖮𑖳𑖽⑦ 𑖐𑖴𑖮𑖿𑖜𑖯⑧ 𑖢𑖧⑨ 𑖮𑖳𑖽⑩ 𑖁𑖡𑖧⑪ 𑖮𑖺⑫ 𑖥𑖐𑖪𑖡𑖿⑬ 𑖪𑖕𑖿𑖨⑭ 𑖮𑖳𑖽𑖣𑖘𑖿⑮

oṃ① sumbha② nisumbha③ hūṃ④ grihnā⑤ grihnā⑥ hūṃ⑦ grihnā⑧ paya⑨ hūṃ⑩ ānaya⑪ ho⑫ bhagavāṃ⑬ vajra⑭ hūṃ-phaṭ⑮

歸命① 蘇婆② 儞蘇婆③ 摧破④ 捕捉⑤ 捕捉⑥ 摧破⑦ 捕捉⑧ 行去⑨ 摧破⑩ 捉來⑪ 呼⑫ 世尊⑬ 金剛⑭ 破壞⑮

軍荼利明王

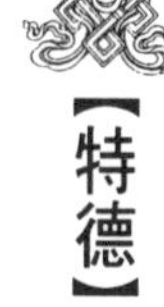

【特德】 軍荼利明王威德廣大，能破除一切災難、障礙，使行者迅速聚集福德智慧。

軍荼利明王（梵名 Kundah），梵名音譯爲軍荼利，意譯爲甘露瓶。又作甘露軍荼利。或稱爲吉里明王、大明王、甘露尊、軍荼利菩薩。是密教五大明王之一。又因爲其示現忿怒像，形貌又似夜叉身，所以也稱爲軍荼利夜叉明王（Kuṇḍalī-yakṣas）。另外，也有「大笑明王」的異稱。

依《瞿醯經》中記載，軍荼利明王，能破除一切災難，威德廣大；如果結此明王之大三昧耶印時，則具足威力，且能降伏怨敵。另有說甘露軍荼利乃爲觀自在菩薩所變化，金剛軍荼利即金剛手菩薩所變化。在《蘇悉地經疏》中稱軍荼利菩薩爲大精進菩薩，其所居之淨土稱爲妙喜世界。

軍荼利明王

軍荼利明王能摧破種種魔障，以慈悲爲方便，現大忿怒形，成爲大威日輪，照耀修行者晦暗的無邊世界，修行者因此而獲得悉地，其並流出甘露淨水，將藏識中之含藏染著的種子洗滌，迅速聚集福德智慧，獲得圓滿清淨法身。

軍荼利明王法多用在調伏，或息災、增益方面。如果修行者每天在食時、未食前，供出少分食物，然後念誦軍荼利明王心咒七遍，則不論在任何地方，都會得到明王的加護。此外，軍荼利真言也往往可用來作修持其他密法的輔助，或作加持供物、或結界之用。

此尊三昧耶形爲三鈷杵。印相爲左右小指相交入掌，中指並申，食指屈如鉤形押中指初節如三鈷杵，大拇指並申押無名指。

軍荼利明王的形像，通常作四面四臂，或一面八臂。

在《軍荼利儀軌》中描述，其四面四臂像的臉部表情各有不同，正面慈悲、右面忿怒、左面大笑、後面微怒開口。這四面四臂象徵的是息災、降伏、敬愛、增益四種法。另外也有說是指第七識的我癡、我見、我慢、我愛的四種根本煩惱。其全身青蓮華色，坐於磐石之上。

至於一面三目八臂形，是頭戴髑髏冠，眼張大，作大瞋目，並有二條赤蛇垂在胸前。八隻臂手之印契爲，右最上手，持金剛杵；下第二手，執持三叉雙頭長戟；下第三臂，壓左第三臂，相交在胸前，各作跋折羅印；下第四臂，爲施無畏手。左上手中，把金輪形，下第一手，中指以下三指各屈向掌，大指捻中指上節側，食指直豎，向上伸之，屈其臂肘，手臂向左；下第四手，橫覆左胯，指頭向右。

⊙軍荼利明王的種子字、真言

種子字：（a hūṁ hūṁ）

【真言】

曩謨① 羅怛曩怛羅夜也② 曩麼③ 室戰拏④ 摩訶縛日羅俱路馱也⑤ 唵⑥ 戶嚕戶嚕⑦ 底瑟吒 底瑟吒⑧ 滿馱 滿馱⑨ 賀曩 賀曩⑩ 阿蜜哩帝⑪ 吽⑫ 發吒⑬ 娑縛訶⑭

namo① ratna-trayāya② nama-③ aścaṇḍa④ mahā-vajra-krodhaya⑤ oṁ⑥ huru huru⑦ tiṣṭha tiṣṭha⑧ bandha bandha⑨ hana hana⑩ amṛte⑪ hūṁ⑫ phaṭ⑬ svāhā⑭

歸命① 三寶② 歸命③ 暴惡④ 大金剛忿怒⑤ 歸命⑥ 速疾 速疾⑦ 安住 安住⑧ 繫縛 繫縛⑨ 殺害⑩ 甘露⑪ 忿⑫ 摧破⑬ 成就⑭

烏樞沙摩明王（穢跡金剛）

【特德】

烏樞沙摩明王具深淨大悲，以噉盡一切諸物的不淨為本誓，不避穢觸，以大威光明，燒除眾生一切煩惱、障礙，守護產婦生產順利，能驅逐毒蛇、惡鬼，轉種種惡穢為清淨。

烏樞沙摩明王（梵名 Ucchuṣma），又作烏芻沙摩明王、烏樞瑟摩明王、烏素沙摩明王；亦稱穢跡金剛、火頭金剛、不淨金剛、受觸金剛、穢積金剛、不壞金剛、除穢忿怒尊等。是密教及禪宗所奉祀的忿怒尊之一，爲北方羯磨部的教令輪身。現代台灣佛教界多稱此尊爲穢跡金剛。

以此明王爲本尊的修法稱爲烏芻沙摩法，多用於祈求生產平安或袪除生產時的不淨，或是想要驅逐毒蛇、惡鬼等，亦可修此法。如經中云：若生產期延遲，持穢積金剛咒語加持水一百八遍，令其服之則順利生產。集經卷九云：若看見死屍、婦人產處、六畜生產、血光流處，看見如是等種種穢惡時，即結穢積金剛手印，誦持解穢咒，即得清淨，所行咒法皆悉產生效驗。

據《慧琳音義》卷三十六所載，此明王的本願是噉盡一切諸物的不淨，具深淨大悲，不避穢觸，爲救護眾生，以如猛火般的大威光，燒除煩惱妄見、分別垢淨生滅之心。由於具有轉不淨爲清淨之德，故常置於不淨處供奉。穢積金剛的三昧耶形，於《尊客鈔》中說爲三股杵，於《薄草訣》則是獨股杵。此外尚有劍、索、棒等異說。

至於其印相亦有多種，其中於《陀羅尼集經》卷九所載之解穢印爲，以二小指相鉤於掌中，二無名指、中指、食指直豎相博，二大拇指安在掌中，二小指上

穢跡金剛

合腕。

總之，凡持誦此明王之神咒者，可得大功德，不但可得到除病、敬愛、避難、受福、敵伏等大利益，更可防禦古木精、惡鬼、毒蛇等諸障礙。此外，有所謂烏蒭沙摩明王變成男子法，可使女胎變爲男胎。

穢積金剛其形像有二臂忿怒形、四臂忿怒形、四臂瑞正形、三目六臂形、三目八臂忿怒形等多種身形。

如有二臂像爲，右手舒五指以掌拓心，左手持杵，左足踏毗那夜迦，右足踏娜拏，令娜拏一頭押著毗那夜迦。

而一般常見多採《大威力烏樞瑟摩明王經》卷上所説：具四臂，作忿怒形，眼睛紅色，通身青黑色，遍體起火焰，右上手執劍，下手持羂索；左上手持打車棒，下手執三股叉，一一器杖皆起火焰。

⊙烏樞沙摩明王的種子字、真言

種子字：hūṃ（hūṃ）

【真言】

根本真言

唵① 吽② 發吒發吒發吒③ 鄔仡羅④ 戍攞播寧⑤ 吽吽吽發吒發吒發吒⑥ 唵⑦
摎羝⑧ 寧囉曩娜⑨ 吽吽吽發吒發吒發吒唵唵唵⑩ 摩訶麼攞⑪ 娑縛訶⑫

𑖌𑖼① 𑖮𑖳𑖽② 𑖣𑖘𑖣𑖘𑖣𑖘③ 𑖄𑖐𑖿𑖨④ 𑖫𑖳𑖩𑖢𑖯𑖜𑖰⑤ 𑖮𑖳𑖽𑖮𑖳𑖽𑖮𑖳𑖽𑖣𑖘𑖣𑖘𑖣𑖘
⑥ 𑖌𑖼⑦ 𑖟𑖳𑖝𑖰⑧ 𑖡𑖰𑖨𑖿𑖡𑖟⑨ 𑖮𑖳𑖽𑖮𑖳𑖽𑖮𑖳𑖽𑖣𑖘𑖣𑖘𑖣𑖘𑖌𑖼𑖌𑖼𑖌𑖼⑩ 𑖦𑖮𑖯𑖤𑖩⑪
𑖭𑖿𑖪𑖯𑖮𑖯⑫

oṃ① hūṃ② phaṭ pha phaṭ③ ugra④ śūlapāṇi⑤ hūṃ hūṃ hūṃ phat
pha phaṭ⑥ oṃ⑦ dūti⑧ nirnada⑨ hūṃ hūṃ hūṃ phat pha phat oṃ oṃ
oṃ⑩ mahahābala⑪ svāhā⑫

歸命① 吽② 發吒發吒發吒③ 強力④ 持鉾者⑤ 吽吽吽發吒發吒發吒⑥
歸命⑦ 使者⑧ 無聲響⑨ 吽吽吽發吒發吒發吒 歸命 歸命 歸命⑩ 大力⑪
成就⑫

大心眞言

唵① 縛日羅② 俱嚕馱③ 摩訶麼攞④ 訶曩娜訶跛者⑤ 尾馱望⑥ 烏樞瑟麼⑦ 俱嚕馱吽泮吒⑧

oṁ① vajra② krodha③ mahā bala④ hānadahapaca⑤ vidvān⑥ Ucchuṣmaḥ⑦ krodha hūṁ phaṭ⑧

歸命① 金剛② 忿怒③ 大力④ 燒棄⑤ 有智⑥ 烏樞瑟摩王⑦ 忿怒破壞⑧

解穢眞言

唵① 修利摩利② 摩摩利摩利③ 修修利④ 莎訶⑤

oṁ① śrīmali② mamali mali③ suśrī④ svāhā⑤

歸命① 吉祥保持② 幸福保持保持③ 華麗吉祥④ 成就⑤

大元帥明王

【特德】大元帥明王為諸鬼神之王，能攘除惡獸、水災、刀兵、横死等諸障難，常為修鎮護國家祕法時之主尊。

大元帥明王（梵名Āṭavaka），梵名音譯作阿吒嚩迦、阿吒婆拘、阿吒薄倶。阿吒婆拘，意爲林居者或森林之王的意思，所以，又稱爲曠野神或是曠野藥叉。又作太元帥明王、鬼神大將、元帥鬼神大將阿吒婆拘。爲十六藥叉大將之一。而在《起世經》中則說其爲毗沙門天王的眷屬。

然而，在《慧琳音義》中有不同看法：「阿吒嚩迦……，壙野鬼神大將名也，或名遏吒薄倶，語聲轉皆一也。俗名元帥大將，非也，十六大藥叉將之一將也。」但在密教中則名之爲大元帥明王，係諸鬼神之王，能平息諸障難，爲守護國土之神。

大元帥明王

依據《阿吒婆拘鬼神大將上佛陀羅尼經》中記載，阿吒婆拘曾對佛陀說，後世中惡鬼增盛、惡人眾多、惡毒蟲獸侵害眾生，或值諸難，所謂王賊、水火、刀兵、恐畏、怨憎、惡鬼等難，若佛弟子出家在家，若作住寂靜乞食，道路塚間樹下，四部等眾，若行曠野山林道中，若在城邑村里巷陌，當爲救護，不令遇惡。

而在《阿吒薄俱元帥大將上佛陀羅尼經修行儀軌》中記載有佛陀咐囑此明王守護法藏及眾生的因緣爲：當佛欲涅槃時，諸魔鬼神等，知佛欲涅槃便來嬈亂阿難，這時有阿吒薄俱元師乃心瞋怒，就召一切天、龍等八部鬼神眾等，齊至佛所請佛住世。佛並以囑咐其：「汝等元帥於諸神中最爲上首，威力奇特不可思議，爲如來護念。於吾滅後，守護法藏並及眾生，令離苦難。」

一般多視此尊爲消除惡獸及水火刀兵等障難，鎮護國土與眾生之護法神。日本台密頗重視此尊，每於修鎮護國家之祕法時，以之爲主尊，其修法稱爲大元帥法。

另於《阿吒薄俱元帥大將上佛陀羅尼經修行儀軌》卷中，佛陀也應定自在王菩薩之請，說此元帥大將往昔發心因緣。佛陀說此元帥大將於過去世，曾於空王如來所修菩薩行，於其佛滅後末法之時，由於眾生福薄，引起三年炎旱，一切飢渴交迫的眾生充滿道路。

此時，曠野神爲一居士，便於六十年中擔水與食，救人飢渴。後遭荒亂爲賊所害，臨終之時，他發大誓言：「一切賢聖當證知，我今日無辜橫死，願我捨此身體，當作大力勇猛之神。無量無邊威伏惡賊惡人，摧破極惡天魔鬼神。若十方世界眾生，有冤枉橫死者，我皆救護之，皆令安穩。」以此願力故，今生作無邊自在元帥大將，於諸神中最尊最上第一之身，故名爲元帥鬼神大將阿吒婆拘爾。

又，相傳佛陀在世時，王舍城內有一比丘，爲賊所劫、爲蛇所螫、爲鬼所嬈，受大苦惱，以此因緣，阿吒婆拘大將心生憐愍，爲發護眾生故，而於佛前說陀羅尼：

豆留咩　豆留咩　陀咩　陀咩　豆留咩　豆留咩　豆留咩　豆留咩　豆留彌隸　尼利　尼利　尼利　那羅　那羅　那羅　尼利　尼利　尼利　尼利　那羅㲋富尼利豆留荼濘豆留荼濘　摩訶豆留荼濘　豆留荼濘　究吒濘　究吒濘　摩訶究吒濘　多吒濘　多吒濘　摩訶多吒濘　多吒濘　吒吒　吒吒　吒吒　吒吒　摩訶

吒吒　吒吒　阿毗　阿毗　摩訶阿毗　阿毗　阿毗利　阿毗利　摩訶阿毗利　阿毗利　阿婆阿毗　阿婆阿毗　阿婆阿毗　阿婆阿毗　律師　律師　摩訶律師　律師　梨濘梨濘　摩訶　梨濘梨濘　首婁　首婁　摩訶首婁　首婁　仇婁　仇婁摩訶仇婁　仇婁　留仇牟留仇牟　留仇牟留仇牟　仇摩仇摩　仇摩仇摩　唏利唏利　唏利唏利　伊持伊持　伊持伊持　比持比持　比持比持　呵羅呵羅　呵羅呵羅　唏泥唏泥　唏泥唏泥　休泥　休泥　休泥　醯泥　醯泥　呵那呵那　呵那呵那　牟尼牟尼　牟尼牟尼　摩訶牟尼牟尼　娑羅娑羅　娑羅娑羅　尸利暇　路迦遮利蛇　時那時那　時那時那　無娑婆那暮蛇　修迦都多牟尼　迦羅摩　迦羅摩迦羅摩　闍竭提多蛇　奢摩陀摩　奢摩陀摩　奢摩陀摩　闍摩陀摩　闍摩陀摩奢摩目多彌提　那婆羅闍那咩　富留沙多　摩牟尼　那毗闍那彌　修伽都多牟尼那毗闍那咩　莎呵

此陀羅尼句，有廣大功德勢力，能爲一切眾生作護作救，護持是人悉皆令得安隱寂靜，令離衰惱，滅諸惡毒，離諸苦惱、王難、賊難、怨憎之難。

此外，尚說有守護結界及防諸惡咒，若有誦持者，非唯自身除諸障難，免諸凶險，更能守護國土，無有惡賊怖難，災橫疾疫，並無水旱風霜之災。

由於此鬼神多於曠野聚落，常食眾生，後雖爲佛所教化，仍以食血肉爲生，所以佛陀制戒，隨有佛法修行者之處，皆當施彼飲食。古來修施食法中，有施與曠野神者，即因此之故。

關於此尊的形像，依經典所說，是身現黑青色，身長六尺，有四面八臂。其中，左、右、頭上等三面各有三眼。在八臂之中，除左、右的第三手當胸結供養印之外，由左第一手開始，依序分別執持輪、槊、索、跋折羅、棒、刀。且手節腕臂上皆纏有蛇，二腳各踏一藥叉，作極惡相。而《觀佛三昧海經》卷二中也提到，此尊形象爲，一頸六頭胸有六面，膝頭兩面，舉體生毛，狀如箭鏃，奮身射人，張眼焰赤，血出流下。此外，另有六面八臂，及一面四臂等形像。

⊙大元帥明王真言

阿車阿車　牟尼牟尼　摩訶牟尼牟尼蓂　尼休休　摩訶那迦休休　鬬伽那知

阿呼阿伽那知阿多那知　阿吒阿吒　那吒那吒　留豆　留豆　留豆　休休豆留

唏泥唏泥唏泥唏泥 郁仇摩仇摩 仇摩 仇摩 唏梨唏梨唏梨 唏梨 尼利 尼利 摩訶尼利莎訶

防諸惡咒

留牟 留牟 留牟 留牟 留摩留摩 留摩留摩 唏梨唏梨 唏梨唏梨 唏梨唏梨 仇那仇那 仇那 仇那 仇那 仇䨲仇䨲 仇䨲 仇䨲 仇留仇留 仇留 仇留 休婁 休婁 休婁 休婁 唏梨暮休 暮休 暮休暮休 暮唏梨暮唏梨 暮唏梨暮唏梨 休牟 休牟 休牟休摩休咩提 摩咩思摩阿提迦羅咩兜 莎訶

孔雀明王

【特德】孔雀明王能噉食五毒諸毒，對於護國、息災、祈雨、除病、安產等都極有效驗。

孔雀明王（梵名 Mahā-mayūrā-vidya-rājñī）漢譯有摩訶摩瑜利羅闍、佛母大孔雀明王等名。此尊相傳爲毗盧遮那佛或釋迦牟尼佛的等流化身。密號爲佛母金剛、護世金剛。在密教修法中，有爲息災、祈雨、止雨或安產而以孔雀明王爲本尊而修者，稱爲孔雀明王經法，又稱孔雀經法。爲密教四大法之一。

孔雀明王出現的初始因緣，據《孔雀明王經》所載，是佛陀在世的時候，有一位比丘遭到毒蛇所螫，痛苦難當。阿難尊者向釋尊稟告之後，佛陀就宣說了一種可供祛除鬼魅、毒害、惡疾的陀羅尼真言。此陀羅尼就是孔雀明王咒，這也是孔雀明王及其陀羅尼爲世人所知的開始。

另外在經中，佛陀同時也宣說了誦持孔雀明王咒而得免去災難，重獲安穩的故事。相傳在久遠以前，雪山有一金色大孔雀王，平素持誦該咒甚勤，因此恆得安穩。有一次，由於貪愛逸樂，與眾多孔雀女到遠地山中嬉遊，一時忘了持誦該咒，因此遭到獵人捕捉。幸而他在被縛之時，及時恢復正念，持誦孔雀明王咒，終於解脫繫縛，得到自由。

同時，佛陀也廣爲阿難尊者演說孔雀明王經咒的功德威力：「此佛母大孔雀

孔雀明王

明王心陀羅尼，若復有人欲入聚落應當憶念，於曠野中亦應憶念，在道路中亦常憶念，或在非道路中亦應憶念，入王宮時憶念，逢劫賊時憶念，鬪諍時憶念，水火難時憶念，怨敵會時憶念，大眾中時憶念，或蛇蠍等螫時憶念，爲毒所中時憶念，及諸怖畏時憶念，風黃痰癊時憶念，或三集病時憶念，或四百四病一一病生時憶念，若苦惱至時皆當憶念。何以故？若復有人應合死罪，以罰物得脫；應合被罰，以輕杖得脫；應合輕杖，被罵得脫；應合被罵，訶責得脫；應合訶責，戰悚得脫；應合戰悚，自然解脫，一切憂惱悉皆消散。」

又說：「阿難陀！若天旱時及雨澇時，讀誦此經諸龍歡喜，若滯雨即晴，若亢旱必雨，令彼求者隨意滿足。阿難陀！此佛母大孔雀明王纔憶念者，能除恐怖怨敵一切厄難，何況具足讀誦受持，必獲安樂。阿難陀！此摩訶摩瑜利佛母明王，是能除災禍息怨敵者。」

又說：「阿難陀！復有鬼魅、人非人等，諸惡毒害一切不祥，及諸惡病一切鬼神並及使者，怨敵恐怖種種諸毒，及以咒術一切厭禱，皆不能違越此摩訶摩瑜利佛母明王，常得遠離一切不善之業，獲大吉祥，眾聖加持，所求滿足。復次，阿難陀！若有人纔稱念此摩訶摩瑜利佛母明王名字者，便護自身及護他人，或結線索身上帶持，如其此人，俞合死罪以罰物得脫……一切苦難悉皆消散，此人亦不被王、賊、水、火、惡毒、刀杖之所侵害，人天鬼神無敢違越，睡安覺安，離諸恐怖，福德增長，壽命延長。」

此外，尚有梵天王、天帝釋、四大天王、無量藥叉眾、諸龍王、天母、鬼神及其眷屬等，皆以此佛母大孔雀明王真言，守護受持此經咒者。

孔雀明王的法門，對於護國、息災、祈雨、除病延壽、安產等世間利益，都極有效驗。當然最重要的，還是以此尊作爲出世間修行的依怙，祛除我們心中貪、瞋、痴、慢、疑等各種煩惱毒害，使我們能圓滿智慧、慈悲的菩提，速成無上的佛果了。

《白寶口抄》舉〈佛母大孔雀明王畫像壇場儀軌〉說：此尊印相爲佛母大孔雀明王印：二手右押左，內相叉，二拇指、二小指各直豎，食指拄，即成。

並解釋說：外縛者，表那本心，故總顯佛母義，是印本源也。立合彼二大拇指，表孔雀觜。又立合二小指，表孔雀尾，而謂孔雀尾爲本尊德也，爲三昧耶形故。其義暗可知……此鳥（孔雀）噉食一切毒蟲等為命，即明王斷盡一切煩惱惡毒，延常住不壞壽命，尾則能拂無量災禍與諸吉祥等。次左右食指、中指、無名指六指三度動之，表羽打義也，隨打明三遍，象徵打拂無量障難，招集無邊吉祥義也。……又云，上自一人，下至萬民，皆悉覆護此羽翼下，拂除諸災難，能招集諸功德，是悲智之二翼也。

一般明王多現忿怒像，而孔雀明王，則形像莊嚴，慈藹可親。常見身像多作白色的身形，穿著白繒的輕衣，凌風飄然，身上、頭冠、瓔珞莊嚴，乘在金色孔雀王，並結跏趺坐，坐在白蓮華或青蓮華之上。其相貌慈悲，一般具有四臂，右邊的第一手持著開敷的蓮華，代表著敬愛；右第二手持著俱緣果，代表著調伏；右邊的第一手當心持著吉祥果，代表增益，左第二手持著孔雀尾代表息災。而其孔雀座椅上的白蓮座是表示攝取慈悲的本誓，而青蓮座則代表降伏之意。由孔雀尊形像中所顯露的意義，可知此尊具有敬愛、調伏、增益及息災四種妙德，能滿足一切的願望。而其以能噉食諸毒蟲的孔雀為座騎，更象徵了此尊能噉盡眾生一切五毒煩惱。

在現圖胎藏界曼荼羅中，將此尊安置於蘇悉地院，形像呈肉色，二臂，右手持孔雀尾，左手持蓮華，坐赤蓮華。三昧耶形是孔雀羽。西藏流傳的形像則呈三面八臂，坐蓮華座，不乘孔雀。

⊙孔雀明王種子字、真言

種子字：（ma）或（yu）

【真言】

唵①　摩庾羅訖蘭帝②　娑縛訶③

①　②　③

oṃ①　mayūrā krānte②　svāhā③

歸命①　孔雀不能超②　成就③

金剛童子

【特德】

金剛童子有大威神力，能卻除眾生種種災苦，增長福德，修其法有得見諸佛、祈雨、避難、順產、除病等功德利益。

金剛童子（梵名 Kani-krodha），又稱爲金剛兒；密號事業金剛。位列密教胎藏界曼荼羅金剛部院。相傳爲阿彌陀佛的化身，或是與烏樞沙摩明王爲同體之尊。而於《聖迦尼忿怒金剛童子菩薩成就儀軌經》卷上則說，金剛童子爲金剛薩埵之化身，所以後代阿闍梨或依此說法，而將此尊添加於金剛薩埵之曼荼羅中。

此金剛童子有大威神力，能卻除眾生種種災障，於《聖迦柅忿怒金剛童子菩薩成就儀軌經》就詳列了種種因應不同眾生災苦的消災祈福法。例如：

若被河水漂溺，設令解浮困乏無力，念誦其真言則得淺處。若人有危難，稱彼人名念誦（真言）則得解脫。又法，欲除身上疾病，令福德增長者，令童女澡

金剛童子

浴著新淨衣，右合五色線作結、加持一百八遍繫右臂上，即疾病消除、福德增長。又法，經過賊境，一心念誦，即不被劫奪傷害。又法，取佉陀羅木護摩，除一切鬼魅。

又法，欲令天雨者，觀虛空誦真言二十一遍，即降甘雨，取雨水獻佛，已後所作，皆得成就等等，此外，尚有順產、避難，除卻病疫等等修法。

此尊形象呈忿怒形，身為肉色，高舉著左腳，兩臂展伸，左手持金剛杵，右手向下結施無畏印，右腳踏在蓮花上，頭部有圓光，髮呈上揚的火燄狀。而在諸儀軌中，有多種形像記載，身為黃色者稱為黃童子；身為青色者，稱為青童子。

另在《金剛童子成就儀軌》中，有描述此尊自大海中湧出之形像為身如吠琉璃色，六臂三目，其目赤色，口咬下唇，顰眉威怒，頭戴寶冠，犬牙上出，左足踏寶山之蓮花，右足沒於海中。這也就是一般所說的青童子。

此外，其六臂像各手持物，或有作右第一手持底里賞俱金剛杵作擲勢；右第二手持母娑羅棒，謂棒一頭如鐵杵形；右第三手執於鉞斧。左第一手把棒；左第二手如擬勢，作金剛拳，舒頭指；左第三手持劍。而身上以一大蛇於身上角絡繫，又以一切毒蛇，作膊釧、臂釧、腰條、瓔珞及耳璫繫髮。又以一大蛇繞腰三匝，身背圓光火焰圍遶，於火焰外有其雷電以相輔翼。

以此尊爲本尊所修之息災、調伏等法，稱爲金剛童子法，修法利益爲可得證悟一切三乘佛法的利益、並現悉地成就相、示現金剛兒身、得見諸佛、得到各種伏藏財寶、除去怖畏、侵擾、消除各種障難災苦等功德。

◎金剛童子的種子字、真言

種子字：（hūṃ）

【真言】

根本真言

曩謨一 囉怛曩怛囉夜野二 曩莫室戰拏嚩日囉播拏三 摩賀藥乞灑細曩鉢多曳四 怛儞也他五 唵六 迦捉度顊七 吽八 發吒娑嚩賀

普巴金剛

【特德】 普巴金剛具足無比大悲威力，可以斷除所有鬼神、非人、天魔、惡咒之迫害，並可降魔息災及消除危難。

普巴金剛（藏名 རྡོ་རྗེ་གཞོན་ནུ། ，漢音譯作多傑訓努），意爲金剛孺童。

「普巴」二字藏音，其義爲橛。此尊由於手中所持主要之法器，爲一三角形前尖之利器，故古來有「金剛橛」之稱，今通稱爲普巴杵。又，「普」爲空性之意，「普巴」爲智慧之意，普巴就是空性與智慧結合成不二的體性之意。

古代藏密的行者，常以普巴金剛爲主要本尊，在藏傳的噶居巴、寧瑪巴、格魯巴、薩迦巴等四派均有「普巴金剛法」，然以寧瑪巴與薩迦巴特別重視之。

普巴金剛具足無比大悲威力，而外現忿怒相，除了可以斷除所有鬼神、非人、天魔、惡咒之迫害，並可降魔息災及消除危難。另外，亦可以對治自我的貪執

普巴金剛

與煩惱，消除一切自心與外相的障礙。

關於普巴金剛的示現因緣，相傳往昔於屍陀林中，住有一大力鬼神，名叫麻當魯扎，具三頭六臂四足其背後有一對翅膀，常危害三界有情。時，金剛薩埵忿怒身噶瑪黑魯嘎，爲了降伏此大力鬼神，乃化爲普巴金剛，示現與此大力鬼神同樣威猛的身形，具無比大威神力，才將此大力鬼及一切魔敵摧伏。

另傳說，在印度與尼泊爾邊境，有一個巖洞名賴舒，蓮師與尼泊爾公主釋迦德華往昔在此修殊勝道時，有三位具力魔鬼來作障礙，以間斷其修行；並連帶使當地三年不雨，疫症流行，連續荒年饑饉。於是蓮師派遣二使者前往印度，取降伏間斷法名普巴續教傳者回來。在使者取法才剛返抵時，此三具力魔鬼，均已自動遠遁，立時雨下而疫症全消。

又相傳，往昔蓮師與弟子由西藏到夜叉的地方，途經一處名爲孔湯拉、兩個山間低窪的路徑時，蓮師化成兩個身，一是普巴金剛，爲光明體，一個是他自己本身。

於是蓮師問弟子：「你們要向那個頂禮？」弟子們咸皆回答：「以前我們每

天都看到蓮師，卻從沒見過本尊普巴金剛，到今日才得見著，所以我們要向普巴金剛頂禮。」在眾弟子中，只有一位弟子移喜磋嘉說：「我以前敬禮我的上師，現在我還是要對我的上師頂禮。」因此，除了移喜磋嘉以外，其他弟子都向普巴金剛頂禮。

隨後，蓮師念「班渣猛」，立時只見普巴金剛本尊融入蓮師的身中。這代表本尊乃上師所現，所以只有移喜磋嘉得到普巴金剛的特別加持。普巴金剛法的傳承就是從移喜磋嘉來的，這是一個受到特別加持的傳承。

普巴金剛身黑藍色，具有三頭，每頭各有三目，六臂四足。中間一頭藍色，表大勢至菩薩之忿怒相「金剛手」，表諸佛之「意」；右面白色，表文殊菩薩之忿怒相「大威德金剛」，表諸佛之「身」。左面紅色，代表阿彌陀佛（或說爲觀音菩薩）之忿怒相「馬頭明王」，表諸佛之「語」。每一頭口中各有二牙上出，二牙向下。

其六臂，第一手執天鐵製九股金剛杵（鐵表忿怒，九股表盡三界九乘一切眾生）；右第二手執金製五股金剛杵（金表喜樂，五股表轉五毒成智）。左第一手持般若智焰，表燃燒一切苦惱；第二手持三叉戟（藏名喀章嘎，表盡攝三界空行母。原本二手合掌捧頭面金剛橛，表淨除一切煩惱、魔障。

背後有如利劍般銳利的翅膀。右二腳踩二男魔之背，左二腳踩二女魔之胸，安立於般若智焰中。所抱佛母名柯洛潔蝶，身淺藍色，右手持烏巴拉花（另有傳承持天杖者），左手托著顱器，腰圍豹皮裙。

普巴金剛佛母有二位，一名口洛給登媽是喜樂相，二名阿松媽爲忿怒相。上述尊形所抱的是第一位佛母。佛母右手所持的喀章嘎即表第二位佛母阿松媽。

另此尊身著三種皮衣：象皮，表降服愚痴；人皮，表降服貪愛；虎皮，表降伏瞋恨。頭戴五骷髏冠，表五佛五智。頸上掛有三串人頭項鬘、骨飾，並佩有五種蛇飾以表五種龍族，代表具足降服龍族，能統治一切之大威勢力。

⊙普巴金剛的種子字、真言

種子字：ཧཱུྃ（hūṃ）

【真言】

唵　班雜　嘰利　嘰拉呀　沙爾瓦　比嘎念　嗙　吽呸

།ཨོཾ་བཛྲ་ཀཱི་ལི་ཀཱི་ལ་ཡ་སརྦ་བིགྷྣཱན་བཾ་ཧཱུྃ་ཕཊ྄༔

嗡：指普巴自身

班雜：普巴金剛佛母

嘰哩：普巴金剛示現之十男忿怒相

嘰拉：普巴金剛示現之十女忿怒相

呀：頭普巴杵（單面）

沙爾哇：壇城中所有一切

必嘎念：怨敵、鬼靈神祇

嗙：綁（怨敵、鬼神等）

吽：普巴金剛之種子字與怨敵鬼神等，合而爲一

呸：去淨土

第四章 天部

帝釋天

帝釋天為佛教之重要護法神之一，若有眾生行於正法，皆能受其與眷屬之護佑，而得消災增福。

【特德】

帝釋天（梵名Śakra-devānām-indra），此天的別名甚多，甚至有言百八名，或者千名之說。其中較常見有釋提桓因、婆娑婆（Vasavāna）、憍尸迦（

帝釋天

Kauśika）、千眼（Sahasrākga）、因陀羅、釋迦天王等名。

此天爲忉利天（即三十三天）的主，是佛教的重要護法神之一，也是四天王天及地居的天、龍、夜叉們的統攝者，密教則列爲十二天之一。

至帝釋天的眷屬除有四大天王等地居天、龍夜叉眾眷屬外，在《長阿含經》〈世記經忉利天品〉中並說：「釋提桓因左右常有十大天子隨從侍衛，何等爲十？一者名因陀羅，二者名瞿夷，三名毗樓，四名毗樓婆提，五名陀羅，六名婆羅，七名耆婆，八名靈醯嵬，九名物羅，十名難頭。釋提桓因有大神力，威德如是。」

帝釋天一向非常護持佛教。他不只常向佛陀請示佛法，而且也經常用種種勝妙物品供養釋尊與僧眾。在經典中也常常可見到帝釋天請佛說法、聞佛說法或護持正法行人的種種故事。

帝釋天的三昧耶形爲三鈷杵，象徵能摧破眾生三毒之煩惱，也表示於三界自在之義。

有關帝釋天的形像，根據經中記載：於東方五頂之南，當畫因陀羅釋迦天之主，坐須彌山，天眾圍繞，首戴寶冠，身被種種瓔珞，持伐折羅，及餘諸眷屬，謂舍脂夫人及六欲天等。

又，《秘藏記》云：「帝釋天，黃色，持一貼跋折羅，坐妙高山頂。」

⦿帝釋天的種子字、真言

種子字：（śa）或（yu）

【真言】

南麼① 三曼多勃馱喃② 鑠吃囉也③ 莎訶④

① ② ③ ④

namaḥ① samanta-buddhānāṁ② śakrāya③ svāhā④

歸命① 普遍諸佛② 鑠吃羅也（帝釋天的梵名）③ 成就④

唵① 印捺羅也② 沙縛賀③（十二天軌等）

① ② ③

oṁ① Indrāya② svāhā③

歸命① 印捺羅也（帝釋天之稱）② 成就③

四大天王

四大天王誓願守護這個世界無有災難，眾生安居樂業，福德財寶增長，入於正法，是與此世間關係極為密切的守護本尊。

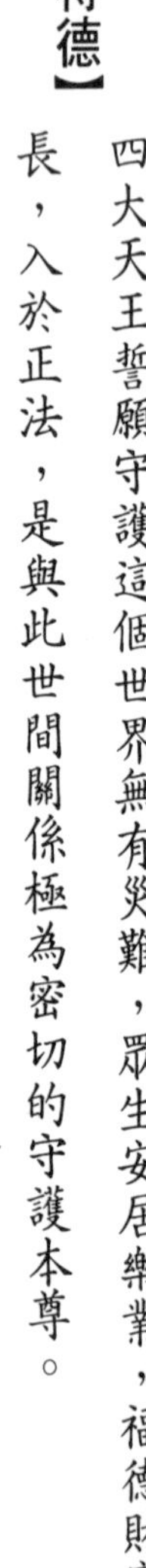

【特德】

四大天王（梵名 catuāsraḥ mabā-rājikāḥ），在佛法中佔有極重要的地位，是在我們所有的欲界之中，護持佛法的四位天王。

四大天王分別是指東方的持國天王、南方的增長天王、西方的廣目天王及北方的多聞（毗沙門）天王。四大天王又稱爲四天王、護世四天王及護世天等。他們所居住的天界稱爲四王天、四天王天、四大天王眾天，他們是這欲界初天的天王，帶領著眷屬天眾居於此處。

而四天王與天眾之壽量爲五百歲，他們的一晝夜相當於人間五十年，因此其壽量，大約是人間的九百多萬歲。他們的身量則爲半由旬，天衣長一由旬，廣半由旬，重半兩。初生的時候，即相當於人間五歲幼童，色相圓滿並著天衣。在欲界六天之中，以四大天王所統領的境域最爲寬廣。

依據《四天王經》記載，四天王都從屬於帝釋天王，每月的六齋日檢視人間的善惡行業，並勸勉眾生守戒行善，是正法的護持者。

四大天王是與人間關係極爲密切的佛教護法，他們用心的守護佛法及一切修行人，所以自古以來對四大天王的信仰極爲興盛。當我們進入寺院時，常會見到四大天王守護著寺院，可見其重要性。

⊙東方持國天

持國天（梵 Dhṛta-rāṣṭra），居處在須彌山之黃金埵，爲東方的守護神，也稱爲東方天。梵名爲提頭賴吒、提多羅吒、多羅吒。又稱爲治國天、安民天、順怨天由於其護持國土、保護眾生，所以又名爲持國天。

持國天王

關於持國天的尊形，依據《陀羅尼集經》的描繪，持國天的形像是：身著天衣，嚴飾精妙，與身相稱。左手臂垂下握刀，右手臂屈而前向仰掌，掌中有寶物放光。《藥師琉璃光王七佛本願功德經》念誦儀軌供養法記載：東方持國大天王，其身白色，持琵琶，守護八佛的東方門。而一般多爲赤色忿怒形。

⊙南方增長天王

增長天（梵 Virūḍhaka），梵音又譯作毗留多天、毗流離天、鼻溜荼迦天、毗樓勒天、毗樓勒迦天、毗樓勒叉天等。意譯爲增長天，此乃由於其能使一切眾生善根增長，所以稱之爲增長天。

此天住於須彌山南面半腹的琉璃埵，常時觀察閻浮提眾生，率領鳩槃荼及薜荔神等諸神，守護南方，爲護法善神，又稱爲南方天。

在《大集經》卷五十二〈毗樓勒叉天王品〉記載，佛陀曾付囑增長天云：「此閻浮提，諸佛興處，是故汝應最上護持。過去諸佛已曾教汝護持養育，未來諸佛亦復如是。並及汝子、一切眷屬、大臣軍將夜叉羅剎，皆令護持……。汝亦應

增長天王

令得生敬信，共護閻浮提南方。」

關於此天的尊形，有種種不同的記載，在現圖胎藏界曼荼羅中，此尊位於外金剛部院南。通身是赤肉色，被著甲冑，肩上著緋端，瞋目怒視，左手作拳安腰，右手把劍於胸前。其左側有使者，呈黑肉色，大忿怒形，手執劍。而《陀羅尼集經》卷十一所說，則身著種種天衣，妝飾精妙，左手伸臂，垂下把刀，右手執矟，矟根著地。表折伏邪惡，增長善根之意。

另於《藥師琉璃光王七佛本願功德經念誦儀軌供養法》說南方增長大天王身青色，執寶劍，守護八佛之南方門。

⦿北方毗沙門天

毗沙門天（梵名 Vaiśravaṇa），又稱作多聞天。為四大天王、八方天或十二天之一，率領夜叉、羅叉等二神眾，守護閻浮提北方及其餘三門。居於須彌山第四層北面。由於時常守護道場、聽聞佛法，故稱多聞，有時亦被視為戰勝之神而受到尊崇。又因能賜予福德，所以也是七福神之一。

毗沙門天王

另於《金光明經》卷二中，四大天王則於佛前說：「……世尊！我其四王，二十八部諸神共，及無量百千鬼神，以淨天眼，過於人眼，常觀擁護此閻浮提，世尊！是故我其名護世王。」

毗沙門天王的造像，通常都是神王形，披著甲冑、著戴冠相，右手持寶棒，左手仰擎寶塔，腳踏二鬼。所以民間稱其為「托塔天王」。

◎西方廣目天

廣目天（梵名 Virūpākṣa），又名為西方天。

此一天王率領無量天龍及富單那、毗舍闍諸神等眷屬，承擔守護佛法的任務。此天王亦為諸龍之主，據《佛母大孔雀明王經》卷上所說：「此西方有大天王，名曰廣目，是大龍王，以無量百千諸龍而為眷屬，守護西方。」

在《大集經》中也說，佛陀曾付囑廣目天王護持閻浮提洲的西方世界，囑彼率領其子及師子、師子髮等八位諸龍軍將、西方十六天神、三曜七宿、諸天龍鬼……等眷屬，共同負起護法重任。

廣目天王

相傳，廣目天是大自在天的化身，由於前額有一目，因此稱爲廣目天。不過後世流布的尊形，大都未見該目。其尊形通常作赤色，現忿怒形。甲冑上著天衣，右臂持三股戟，左拳置胯上，面向左方，交腳而坐。又依《陀羅尼集經》卷十一所描述，毗嚕博叉像，身長作一肘，著種種天衣，嚴飾極令精妙，與身相稱，左手伸臂執矟，右手持赤索。在中國，廣目天王也有多種不同造型。

◎四天王種子字、真言

1.北方毗沙門天王

種子字：（vai）

【真言】

心真言

曩莫① 三滿多沒馱喃② 吠室囉縛拏野③ 莎賀④

namaḥ① samanta-buddhānāṁ② Vaiśravaṇaya③ svāhā④

歸命① 普遍諸佛② 毗沙門天③ 成就④

2.西方廣目天王

種子字：（vi）

【真言】

唵① 毗嚕博叉② 那伽③ 地波路曳④ 莎訶⑤（《陀羅尼集經》）

oṁ① virūpākṣa② nāga③ dhipātaye④ svāhā⑤

歸命① 廣目② 龍③ 領主④ 成就⑤

3.南方增長天

種子字：（vi）

【真言】

唵① 毗嚕陀迦② 藥叉③ 地波路曳④ 莎賀⑤

oṁ① viruḍhaka② yakṣā③ dhipataye④ svāhā⑤

歸命① 增長② 勇健③ 領主④ 成就⑤

4.東方持國天

種子字：（dhṛi）

【真言】

唵① 地梨致囉瑟吒羅② 羅羅③ 鉤羅末馱那④ 莎訶⑤

Oṃ① dṛtirāṣṭra② rārā③ pramadana④ svāhā⑤

皈命① 持國② 明美③ 勝願④ 成就⑤

◎四天王守護大千國土的神咒（出自《守護大千國土經》）

1.北方毗沙門天

唵(引) 阿哩(引) 阿囉抳(引) 呇(仁敢切) 陛(引) 惹胝嚟(引) 阿佉顊(引) 麼佉顊(引) 佉佉顊(引) 佉嘲(囉江切) 疑(疑嚴切) 賀(引) 哩

并(并孕切) 誐嚟底銘(名孕切) 擬擺儞悉鈿覩滿怛囉(二合) 跛那 娑嚩(二合引) 賀(引) 娑嚩(二合) 薩底也(二合) 薩覩(二合) 吠(無每切引)

室囉(二合) 摩拏寫麼賀(引) 囉惹寫曩麼(引) 麼(末昔) 嚟(引) 顊(引) 濕嚩(二合) 哩也(二合引) 地跛地曳(二合) 曩娑嚩(二合引) 賀(引)

2.東方持國天

唵(引)阿契(引)麼契(引)尾曩契(引)滿弟(引)嚩囒(引)禰(引)左跛嚟(引)嚩契(引)嚩佉爾(引)阿契(上)嚟(引)嚩賀嚟
(引)婆彥那黎嚩勢(引)嚩(無鉢切)哩底(二合)娑嚩(二合引)　賀(引)母煎覩彥達哩嚩(二合)乞囉呬(引)毗喻(二合引)地哩(二合)多囉
(引)瑟吒囉(三合)寫麼賀(引)囉(引)惹寫曩(引)麼(引)嚩黎乃(引)濕嚩(二合)哩也(二合引)地跛底曳(二合引)曩娑嚩(二合引)賀

3.南方增長天

唵(引)佉佉佉銘(引)佉攞銘(引)佉攞(引)銘佉囉黎佉囉契迦囉黎(引)迦尸儞(引)迦嚕銘(引)迦囉智(引)
迦(引)黎迦(引)彌儞尾馱黎(引)閉(上至)至(引)曳細(引)野合嚩底三母(引)三彌儞倶緬覩銘(引)滿怛囉(二合)跛那(引)
娑嚩(二合引)賀(引)薩嚩薩怛嚩(二合引)南(引)仡囉(二合)虎婆喻(引)波捺囉(二合)嚩(引)尾嚕荼迦寫麼賀(引)囉惹寫曩
麼(引)嚩黎(引)乃(引)濕嚩(二合)哩也(二合引)　地鉢底曳(二合引)　娑嚩(二合引)　賀(引)

4.西方廣目天

唵(引)訖囉(二合)野細(引)訖囉(二合)迦曬(引)訖囉(二合)迦曬(引)加沙曳骨嚕(二合)計計骨嚕(二合)佉銘骨嚕(二合)嚕(引)
阿佉黎(引)娑麼娑佉黎(引)迦護銘(引)阿魯計(引)迦魯計(引)伊哩(引)尸尾哩(引)伊哩彌哩(引)地(引)哩(引)虞嚕
嚩底娑嚩(二合)悉底也(二合)窣覩(二合)尾嚕(引)膊(引)乞叉(二合)寫麼賀(引)囉惹寫曩(引)麼(引)嚩攞乃(引)濕嚩(二合)哩也(二合)
(引)地　鉢　底曳(二合引)曩娑嚩(二合引)賀(引)

吉祥天

【特德】

吉祥天能除眾生一切煩惱、摧滅一切罪障，鈎召一切福德，去除所有不祥之事。

吉祥天（梵名Śrī-mahā-devī），為佛教的護法神，守護一切眾生，吉祥安樂。

在《大吉祥天女十二名號經》列出吉祥天的名號有吉慶、吉祥蓮花、嚴飾、具財、白色、大名稱、蓮華眼、大光曜、施食者、施飲者、寶光、大吉祥等十二種名稱；在《大吉祥天女十二契一百八名無垢大乘經》則列舉了一〇八種名稱。此外還有寶藏天女或第一威德成就眾事大功德天等名。

《大吉祥天女十二名號經》中並說：如果有苾芻、苾芻尼、近士男、近士女等一切有情能稱此大吉祥天女十二名號，能受持讀誦修習供養，為他人宣說，如

吉祥天

此便能除一切貧窮業障，獲大富貴豐饒財寶。

《大吉祥天女契一百八名無垢大乘經》中也說：如果有國王、王子、比丘、比丘尼、優婆塞、優婆夷、波羅門、剎利、毗舍首陀（賤民），能受持讚歎該經，其王剎國界所有眾生，一切怖畏逼惱皆能平息法去，一切怨賊、人非人等恐怖之事，亦不能爲害，一切財穀皆悉豐饒。吉祥天女於彼王剎利宅中常作居止，若有持吉祥天女名號者，皆能獲得如是福德利益。

相傳此天爲毗沙門之妻，其父爲德叉迦、母爲鬼子母神。在婆羅門教則視之爲毗紐天之妃。而在密教中，則視此天女爲胎藏界大日如來所變，亦爲金剛大日如來所變之毗沙門天王的妃子；於阿闍梨所傳的曼荼羅中，位列於北方毗沙門天之側。

《吉祥天女十二名號經》中又說：此大吉祥陀羅尼及十二名號，能除貧窮以及一切不祥，所有願求皆得圓滿，或能經常受持，無間作饒益心，隨力虔誠供養大吉祥天女菩薩，皆能速獲一切財寶豐饒吉祥安樂。

《大吉祥天女經》又說：持大吉祥天真言及以一百八名號，能除一切煩惱，能摧滅一切罪障，能鈎召一切福德，去除一切不祥。

經中又說：其人不久獲得吉祥，一切安樂吉祥喜悅一切天人擁護，一切事業悉皆成就。

關於此尊尊形，在各經的說法中不一。依《諸天傳》卷下所述，其身端正，有赤白二臂，左手持如意珠，右手作施無畏印，安坐於寶臺上。左邊梵天，手持寶鏡；右邊帝釋天，散花供養。天女背後有七寶山，天像上有五色雲，雲上又有六牙白象，象鼻持瑪瑙瓶，自瓶內出種種物，灌功德天頂上。天神背後有百寶花林，頭上有千葉寶蓋，於諸天蓋上作伎樂，散花供養。

摩利支天

【特德】 此天有大悲願，常於苦難恐怖之處，護諸有情，令有情於一切諸難中隱身，一切天魔外道，無法知其行蹤，並得增長一切吉祥之事。

摩利支天（梵名Marīci），又音譯為摩里支天、末利支天。意譯有積光、威光、陽燄等名。是一位能夠隱形而為眾生除滅障難、施予利益的女神。雖然屬於天部，但有時也被稱為摩利支天菩薩或大摩里支菩薩。

在《佛說摩利支天經》中，佛陀曾告訴諸比丘：「我為當來惡世苦難恐怖有情，略說摩利支天法。此菩薩有大悲願，常於苦難恐怖之處，護諸有情，不令天龍、鬼神、人及非人、怨家、惡獸所能為害。汝當受持廣宣流布饒益。」並說，「摩里支菩薩以慈悲力，為彼眾生，於道路中擁護、非道路中擁護、眾人中擁護、水難時擁護、火難時擁護，乃至一切之處，悉皆擁護，令得增長一切吉祥之事。」

依密教所傳，修習摩利支天法，如果得到成就，不但能消災除厄，最特別的是還能隱身。依《佛說大摩里支菩薩經》所載，此尊「能令有情在道路中隱身、眾人中隱身。水、火、盜賊一切諸難皆能隱身。」如能虔誠依法修持，則一切天魔惡鬼外道，都無法覓得修法者的行蹤，而「諸持誦阿闍梨，若依摩里支成就法行，精進修習，勇猛不退。無缺犯，如是眾生，令得菩薩清淨大智」。

摩利支天

在《佛說摩利支天菩薩陀羅尼經》中描述，摩利支天有大神通自在之法，常在日天（太陽神）前行走，日天不能見她，而她能見到日天。由於她能隱形，所以她的形蹤無人能知。對於她，無人能捉，無人能害，無人能加欺誑、束縛。修持此法之人，亦復如是。因此凡修習摩利支天法或誦習《摩利支天經》的人，也往往能得到其不可思議能力的加護，其人即不爲冤家所害。

依佛典所載，此菩薩有種種消災解厄之法，如經典記載：凡依法誦摩里支菩薩根本及心真言，不限遍數，但虔誠至心，必獲菩薩威神加護，一切怨家、惡人悉不能見，一切災難皆得解脫。

又如，「若欲供養摩利支菩薩者，應用金、或銀、或赤銅、或白檀香木、或紫檀木等，刻作摩利支菩薩像，如天女形，可長半寸，或一寸二寸已下，於蓮花上或立或坐。頭冠瓔珞種種莊嚴極令端正，左手把天扇，其扇如維摩詰前天女扇，右手垂下揚掌向外，展五指作與願勢，有二天女各執白拂侍立左右。作此像成，戴於頂上或戴臂上或置衣中，以菩薩威神之力不逢災難，於怨家處決定得勝，鬼神惡人無得便。若欲成驗願見摩利支天真身求勝願者，誦此陀羅尼滿十萬遍，依法建立曼荼羅，畫摩利支菩薩像，安置壇中種種供養，並作護摩火壇。摩利支天女必現其身，所求勝願決定成就，除不至心。」

此外，摩利支天尚有消除病苦、旱災時祈雨、水災時止雨等等息災祈福之法，若能如法虔敬修習，均有不可思議之效驗。

相傳宋隆太后孟氏，即將去國向南，因此求護身法於密教道場中的大德。有密教大德就教她供養摩利支天母。後來，她平安抵達南方，由於感念天母的冥護之德，就以天母像奉安於西湖中天竺寺，並刻石以紀念其事。

而依據《佛祖統記》卷四十七記載：唐州泌陽尉李玨遇到金人入寇，就與一僕人單騎而走，於夜間藏匿在路旁的空舍中時，忽聽見有車聲經過，就派遣僕人前去訊問情形，不料竟見到車中的人身高有丈餘，且面容是藍色的，因此，僕人大驚而回。而李玨則大膽的乘馬追及。

李玨向前致敬說：「玨避寇到此，敢問車中載的是什麼？」

此人說：「這是京西遭劫的死人名字，是由天曹所定籍的。你是李玨，也是在此數之中。」

李玨大爲怖駭的問說：「不知道有何方法，可以免除此劫？祈願你賜予指教。」

藍面人說：「如果能每天憶念摩利支天菩薩的聖號七百遍，向虛空中迴向天曹聖賢，那麼死籍就可銷除，也可以免去兵戈之厄。」

李玨方要拜謝時，駕車者已疾馳而去。從此他持誦不輟，並轉以教人，都得以免除災難。

摩利支天的形像依修法不同有多種，如：《大摩里支菩薩經》卷一有說：「用好綵帛及板木等，於其上畫無憂樹，於此樹下畫摩里支菩薩，身如黃金色作童女相，挂青天衣，手持蓮華，頂戴寶塔莊嚴。如是畫已，於此幰前，誦最上心真言八千遍，所求之事決定成就。其真言曰：**唵摩里支娑嚩賀**。今此真言，亦能消除一切病苦。」

又說，「令彼行人先作觀想，想彼摩里支菩薩坐金色豬身之上身，著白衣，頂戴寶塔，左手執無憂樹花枝，復有群豬圍繞，作此觀已，若遠出道路，如有賊等大難，以手執自身衣角，念心真言七遍加持衣角，復結彼衣角，冤賊等難，不能侵害。」

又說，「復有成就之法，先令行人入三摩地，想月輪之上有一梭字。復更思惟一切法中都無有我，次觀自身遍虛空中，如毗盧遮那佛相，於金剛蓮華藏師子座上結跏趺坐，身真金色，髮髻頭冠，結毗盧印，善相端嚴。憶念𤙖字時，月輪出光普遍照曜，成摩里支菩薩。復誦此真言：唵摩里支娑嚩賀，是時，菩薩手持針線身現金色，縫彼惡者口之與眼，令不侵害。」

另於同經卷二說作息災法時，「……復觀想摩里支菩薩亦月輪中坐，身如秋月之色，面圓如月，作童女相。眼如白優鉢羅花，身著白衣種種莊嚴，善相圓滿，光焰如火，爲息災故持甘露瓶，常流甘露，爲熱惱眾生以甘露濟度。」作是觀已，然後如經所載，依法作護摩、誦持真言等等，則能息諸災障。

此外在卷五也有三面八臂相如：「變自身成摩里支菩薩相：身如閻浮檀金，光明如日。頂戴寶塔，著紅天衣，腕釧、耳環、寶帶、瓔珞及諸雜花種種莊嚴。八臂、三面、三眼、光明照曜。脣如曼度迦花，於頂上寶塔中，有毗盧遮那佛，戴無憂樹花鬘。左手執羂索、弓、無憂樹枝及線；右手執金剛杵、針、鉤、箭。

正面，善相微笑，深黃色、開目，唇如朱色，勇猛自在。左面，作豬相，醜惡忿怒，口出利牙，貌如大青寶色，光明等十二日，顰眉吐舌，見者驚怖。右面，作深紅色，如蓮華寶有大光明……。」

另外尚有現忿怒像，或有三面，每面有三目，有六隻手臂或八隻手臂，騎乘於野豬上，或坐於七野豬拖車之上；左方的各手分別執無憂樹、羂索及弓弦；右手各手分執金剛杵、針、箭與金剛斧。此外還有多種其他形像。

⦿摩利支天的種子字、真言

種子字：（ma）或（maṃ）

【真言】

小咒一

唵① 摩利制曳② 娑嚩訶③

oṃ① mariceye② svāhā③

歸命① 摩利支② 成就③

小咒二

唵① 阿儞底也② 摩利支③ 娑嚩訶④

[Siddham script]① [Siddham script]② [Siddham script]③ [Siddham script]④

oṃ① āditya② marici③ svāhā④

歸命① 日② 陽炎③ 成就④

地天

【特德】

地天對世間之守護不可思議，能安持萬物，鎮護國土，使一切吉祥安穩，得無盡大福德。

地天（梵名 Pṛthivī），音譯作比里底毗、必哩體尾。爲色界之天神，乃主掌大地之神。又稱地神、地神天、堅牢神、持地神、堅牢地天、堅牢地神。

此神原爲古代印度所崇仰的神祇，在《梨俱吠陀》、《阿闥婆吠陀》均讚歎其爲具備偉大、堅固、不滅性、養育群生、繁生土地等美德的女神。

在佛教中，此尊被視之爲菩薩或護法神，在經典中常可見其尊名及功德勢力。如《金光明最勝王經》卷八〈堅牢地神品〉稱其爲堅牢地神，即取其堅固之德。經中詳述此神護持說持《金光明經》者，並說如果有說法者廣演是經時，他就會常作宿衛，守護行者，隱蔽其身於法座下頂戴其足。

而在《地藏本願經》卷下〈地神護法品〉中，佛陀對堅牢地神說：「汝大神力諸神少及，何以故？閻浮土地悉蒙汝護，乃至草木、沙石、稻麻、竹葦、穀米、寶貝從地而有，皆因汝力。」

可見地神對世間之守護不可思議，能安持一切萬物，使一切吉祥安穩。

此外，爲求福、國土豐饒或鎮護土地而修的供養法，稱地天供或土公供。

在《堅牢地天儀軌》中提及，此尊與大功德天曾一起稟白佛陀：如果有眾生禮拜恭敬供養及念誦地天真言，他會恒常出生地味，資潤彼人，使其身中增益壽

地天

命，並使其地精氣充溢，行者身中得色力、得念、得喜、得精進、得大智慧、得辯財、得三明六通，人天愛敬，得無比無盡大福德。

⊙地天的像形

此尊尊形，於密教胎藏界曼荼羅中置男女二天。男天身呈赤肉色，戴寶冠，左手捧鉢，鉢中有鮮花，右掌向外，安胸前，坐圓座上。女天則居男天左側（或後方），身白肉色或赤肉色，頭戴寶冠，左手置於股上，右手安胸前，亦交腳坐圓座上。而於金剛界曼荼羅成身會者，則是呈白色女身形，開兩臂抱持圓輪，寶冠中有半月。

⊙地天的種子字、真言

種子字：pṛ（pri）或 vi（vi）

【真言】

南麼① 三曼多勃馱喃② 鉢嘌體毗曳③ 莎賀④

namaḥ① samanta-buddhānāṃ② pṛthiviye③ svāhā④

歸命① 普遍諸佛② 地天③ 成就④

訶利帝母（鬼子母神）

訶利帝母法主要為祈求生產平安之修法，此外尚能除一切災難恐怖，令獲安樂，滿一切願。

【特德】

訶利帝母（梵名Hārītī），梵名音譯作訶利帝，意譯又作歡喜母、鬼子母、愛子母，爲一藥叉女。

依據《根本說一切有部毗奈耶雜事》卷三十一記載，鬼子母神有五百子，常噉食王舍城中幼兒，後爲佛所度化，從此便依佛陀的教敕，不但不再危害世人，並接受佛陀「於我法中，若諸伽藍，僧尼住處，汝及諸兒常於晝夜勤心擁護，勿

訶利帝母

令衰損，令得安樂，乃至我法末滅已來，於贍部洲應如是作」的咐囑。

佛陀為免此鬼子母及其諸子，不食人子後無食可食，也慈悲地允諾鬼子母，「於贍部洲所有我聲聞弟子，每於食次出眾生食，並於行末設食一盤，呼汝名字，並諸兒子，皆令飽食永無飢苦。」

然在《雜寶藏經》謂其愛子名嬪伽羅，且說其生有一萬子，過去世為迦葉佛時羯膩王第七小女，大作功德，以不持戒故，受是鬼形。而《鬼子母經》中則說此母生有千子，五百子在天上，五百子在世間，千子皆為鬼王，一一王者從數萬鬼。

以鬼子母神為本尊，所修的法為訶利帝母法，主祈求生產平安之修法，此外於其經軌中尚有許多消災除病法。相關儀軌有不空所譯之《大藥叉女歡喜母並愛子成就法》與《訶梨帝母真言法》等。

依《大藥叉女歡喜母並愛子成就法》記載，歡喜母皈依佛陀後，曾於佛前說自心陀羅尼，此陀羅尼有大威力，能除一切災難恐怖，若有受持此章句者，得歡喜母及諸眷屬常為守護，令獲安樂，能滿一切諸有意願。其陀羅尼為：

曩謨囉怛曩怛囉夜耶一 娜莫賀哩底曳二 摩賀藥乞史抳三 訶謨伽曳四 薩底曳嚩儞顙五 沒馱鉢哩野曳六 惹多賀哩抳曳七 半左補怛囉八 捨多鉢哩嚩曳九 畢哩迦囉曳十 麼呬多薩嚩薩怛嚩十一 曩麼塞訖哩路曳十二 婆誐鑁賀哩底曳十三 訖哩乃野麼韈路以灑銘十四 沒馱帝惹婆爾底十五 薩麼囉多曳十六 婆誐鑁補囉囉乞灑枲十七 婆誐鑁母紫多枲十八 跛囉補怛囉十九 尾覲曩尾曩野迦二十 沒哩跛三麼儞多怛囉拏羅二十一 滿怛囉跛娜補娜攞二十二 賀囉灑曳二十三 怛儞野他二十四 枲嚩隸二十五 跛哩嚩隸二十六 寗怛囉曷底二十七 薩嚩羯麼迦囉拏曳娑嚩賀二十八

於經中，訶利帝母尚說有其愛子畢哩孕迦陀羅尼法的種種功德，例如：若被囚禁者，常誦此陀羅尼即得解脫；欲得安隱者，取菴末羅樹葉和乳，加持護摩十萬遍，即得安隱等等。令有所求皆得如願。此真言為：

唵致尾致顙娑嚩賀

依《南海寄歸內法傳》所載，西方諸寺，每於門屋處或在食廚邊，塑畫母形抱一兒於其膝下，或五或三，以表其像。每日於前盛陳供食。其母乃四天王之眾，有大勢力。若有疾病、無兒息者，饗食薦之，咸皆遂願。

在日本，由於密教盛行，常爲祈求安產而奉祀訶利帝母像，因此訶梨帝母法頗爲流行。其所祀形像多爲天女像。左手懷抱一子，右手持吉祥果，姿態端麗豐盈。

⊙訶利帝母的真言

唵① 努努摩哩迦呬諦② 娑嚩賀③

𑖌𑖼① 𑖟𑖲𑖡𑖿𑖟𑖲𑖦𑖯𑖩𑖰𑖎𑖯𑖮𑖰𑖝𑖸② 𑖭𑖿𑖪𑖯𑖮𑖯③

oṁ① dundumālikāhite② svāhā③

歸命① 努努摩哩迦呬諦（頸飾青鬘的鬼子母神）② 成就③

第3篇

消災增福的經典

第一章 緒論

在佛法中爲了適應眾生的需求，因此消災增福的法門，有了極大的開展。

在這些消災增福的法門中，有些是以一位佛菩薩爲中心，而成爲消災增福的本尊。有些則是以一種經典爲中心，而成爲一套消災增福的法門。這些法門在人生困頓災厄時，不只能帶來光明幸福，更能激發上求無上菩提的心願及力量。

在歷史上，許許多多的佛教國度中，從國家到個人，在遇到各種天災、人禍、災危、厄難時，都常有修習消災增福法或舉行相關法會，而得利的記載。這些法會有時由國王、大臣，有時是庶民百姓，他們迎請高僧大德，修持、誦諷經法，來消除各種厄難，並常獲得極大的效驗。

這些修法，有些是全國性，有些則屬於地方性或個人，這是由於因緣的不同，相應而修。因此古代常有爲了國家的安定康樂，而舉行的修法，稱之爲鎮護國家。

所謂鎮護國家，就是藉由教法鎮護國家之謂。也就是指爲止息國難、降伏怨敵、安泰國家，所舉辦的講讀經典或修法大會。鎮護國家的修法，是源於《仁王護國般若經》及《金光明經》而來的思想信仰。在《仁王護國般若經》卷下〈護國品〉、《金光明最勝王經》卷六〈四天王護國品〉記載，國王或人民受持、講讀該經，能滅七難、鎮護國家。所以，我國在南北朝時，盛行讀誦講讚該經的法會。

此外，修持仁王護國法，爲祈願鎮護國家所建立的念誦道場，稱爲建國道場，又稱爲鎮國念誦道場、鎮護國家道場，如唐代長安青龍寺即是。在這些道場中，常時爲消滅國難、降伏怨亂、祈求國泰民安，而講讀經典，修持真言等法。如唐太宗就曾詔令京城沙門，在每二十七日誦持《仁王經》爲國祈福。

由於《仁王經》是佛陀爲當時印度十六大國國王，宣說開示守護佛國及國土的因緣；受持解說此經，能使國界無災難，因此稱《仁王經》爲「護國珠」，比喻此經爲護國的寶珠。

除了以上的《仁王經》及《金光明經》之外，再加上《法華經》等三部經，被認爲是能鎮護國家及繁榮社會的經典，稱爲護國三部經。這護國三部經的思想，在日本十分的受到推重發揚。

如同上述護國息災的修法，在歷史上常有應驗，如《佛祖歷代通載》卷十三說，唐玄宗時，西蕃寇圍涼州，玄宗命不空三藏修法救護。不空三藏密誦《仁王咒》數遍後，有神將從空中湧現，玄宗親自見到。就問不空說：「這些神將是誰？」

不空回答說：「這是北方毗沙門天王的長子。」於是不空誦持密咒，派遣毗沙門天王長子帶領神兵前往涼州救護。數日之後涼州傳來捷報，並稱有神兵十分威武雄盛，賊人畏懼捲甲而退。玄宗十分高興，就詔令天下，在軍壘都安立毗沙門天王祠。

除此之外，在唐代宗時，吐蕃逼臨京城，代宗也請不空三藏安置一百高座宣講《仁王經》，最後終得平亂。

鎮護國家的法會，歷代以來常應緣而修習。民國以來，由於強亂環伺、國家危難，所以或由民間、或由政府，也舉辦了多次的護國息災法會。其中《大白傘蓋護國息災法會》即爲其中有名的例子。在國家遭受危難或抗日戰爭，都曾大力修造此法。

除了護國之外，在歷代以來當久旱不雨時，也常請高僧大德修持祈雨法，以祈請風調雨順。在佛典中有數種祈雨法門，其中如《大雲輪祈雨經法》即爲常用的修法。

唐代宗時，由於春夏久旱不雨，所以請不空三藏建壇祈雨，而大雨沾足。這一類的祈雨之例，歷代以來不絕於書。

甚至也有一些十分出奇的例子，如唐當陽節度史張昭，曾經迎請沙門自覺說：「聽聞龍神依師聽經，竟然忘記應當行雨，祈願大師能起大悲心，請龍神行雨。」

這時自覺法師聽了，立即焚香遙祝，於是雲起大雨。龍神因爲聽經，而忘記行雨，看來也真是有虧職守了。

有時，雨下了過頭，則必須止雨。在唐玄宗時，玄宗曾下令金剛智三藏祈雨，當然成果十分豐碩，雷震雨下，霈然洪澍，莫之能禦，竟然淹日不息。

這時皇帝看到雨下得這麼大，開始擔心起會發生洪水，就趕快再請金剛智止雨。這時金剛智就又在壇上布置荷葉，持誦真言，須臾之後就把荷葉裹起，懸於樹枝，結果就雨竭天晴了。

隔天，金剛智便解下昨日在樹枝上所裹懸的荷葉，這時諸龍神等方才再雷鳴騰空而去。

其實，就廣義而言，任何一部佛典，只要虔心誦持，都可以作爲消災增福的法門。不過由於有些經典具有特別的因緣、意義、作用或特別的修行儀軌，所以作爲消災祈福特別的相應。

但是這些消災增福的經典，雖然能消除各種災障厄難，增加福報，使修法者在世間法上得到很大的利益，但是這些法門是以佛法爲中心，所以必然在解除一切災障，增長世間福報之後，更要發起修證佛法的菩提心，達到解脫正果，乃至成就圓滿的智慧、慈悲，證得究竟的無上菩提。

所以，任何消災增福的法門，一定要注意，是站在自利利他的立場上來修習。千萬不可爲了自利而傷害他人或公益，乃至做出損人不利己的行爲。

因此，任何修法，必須斷絕一切惡念，以慈悲心、智慧心來修習，切莫生起貪執。如果用惡念修持，不只無效，而且會受到無邊的罪業。尤其效驗愈強的法門，獲罪愈迅速猛烈。

例如前述鎮護國家的法門，如果是爲了護國息災，在國家遭受侵略，喪失和平、人民遭受災難傷亡時，爲了救國救民，也爲了維護和平，使侵略國家不再造下更多惡業，以慈悲心自利利他而修行，那麼就是正確的。如果是爲了侵略他人而修習此法，那麼將造下無邊的惡業。

因此，所有的消災祈福法門，應當斷絕惡念，發起善心、正念來修持，並將一切的功德迴向無上的菩提。對於由修習消災增福法門，而得到災障止息乃至福報增勝，都應心存感恩，發心布施、修福。如果能發起無上菩提心，來護持、迴向、救度一切眾生，並精勤的修法，那當然是修持消災增福法門最佳的心要了。

所以，當我們修習消災增福法門時，我們不只希望自己脫離各種災厄、苦惱，更祈願一切眾生同樣的遠離一切苦海；當我們增長福智時，同樣的希望所有的眾生具足圓滿的福德、智慧與光明。更祈願自己與一切眾生，同圓無上正等正覺，成就佛果。這正是修證消災增福法門最根本的心要。

在本書中，我們介紹《仁王護國經》、《守護大千國土經》、《寶樓閣經》、《佛說息除賊難陀羅尼經》、《大雲輪請雨經》、《般若心經》、《光明真言經》等各種消災增福的經法。這些經典的修法，在消災增福的法門中，都極重要，也極有效驗，能幫助我們消除災厄增益福德，並圓滿無上菩提，祈願大家能共同修證圓滿。

第二章 消災增福的經典

般若心經

【特德】誦持《心經》能得十六神王守護，使行者無所怖畏，諸障難事自然消滅。

《般若波羅蜜多心經》（梵名 Prajñāpāramitā-hṛdaya-sūtra），全稱爲《摩訶般若波羅蜜多心經》，略稱《般若心經》、《心經》。

本經文旨，原出於大部《般若經》內有關舍利子的各品，主要是佛和舍利子問答般若行的意義、功德。《心經》即從《大般若經》中撮要單行，以行深般若波羅蜜多爲空相應行。更進而說由空無所得爲方便，遣五蘊執，契證實相。全經文句簡約而賅攝般若甚深廣大之義，得其心要，故名爲《心經》，即是般若之精要、心髓之意。

在《白寶口抄》中說：若人但能誦得此咒，不須供養即得效驗，若不得誦持，亦得誦咒七遍，十六神王即到其所，任行者使。

若人欲往病所，可先於房內預誦此咒一百八遍，咒自右手，即以右手摩自脣口到病人所，心想自手譬如水雪用把炭火，以自手背著彼人身心作差想，其病即差。

又說：「是咒能助成般若波羅蜜多，令一切眾生皆發無上菩提之心，若人欲入山中坐禪，設有惡蟲、師子、虎狼及魔鬼等，欲來惱者，當誦此咒一百八遍，即無所畏，諸障難事自然消滅。

若謗法人及造五逆，是惡人等不肯懺悔，如此之人莫教此法。若能至心誦此咒者，能滅四重五逆等罪。」

當初玄奘法師至印度求法時，遇到許多天災、魔難，沿途中有許多惡鬼異類，四週圍繞，法師即誦持心經，才一發聲，眾鬼即盡散去，可見心經之威力。

⊙般若心經神咒

揭諦① 揭諦② 波羅揭諦③ 波羅僧揭諦④ 菩提⑤ 薩婆訶⑥

gate① gate② pāragate③ pāragate④ budhi⑤ svāhā⑥

往① 往② 到彼岸③ 往彼岸了④ 覺⑤ 成就⑥

⊙守護心經行者的十六善神咒

那謨曷羅怛那怛羅夜那一 跢姪他二 訶訶醯醯呼呼戲利戲利六 彌利七 杜銘徒杜咩八 鞞伽婆呬尼九 毗摩羅婆呬尼十 底哩寧底哩一十 般羅底羯爛陀二十 鞞多持質羅雞都三十 般羅婆薩婆嚟四十 懼醯嚟五十 軋陀嚟六十 旃荼嚟七十 車闍尼八十 懼羅遮

利尼（十九） 旃荼毗伽陀婆醯尼（二十） 梅怛羅輸（二十一） 莎訶（二十二） 摩羅檀持曷羅婆迦耶（二十三） 莎訶（二十四） 摩登伽俱羅明奢耶（二十五） 莎訶（二十六） 底哩商羯曳（二十七） 莎訶（二十八） 悉陀曳（二十九） 莎訶（三十） 那謨胡嚧瑟吒寫（三十一） 摩登伽曷羅闍寫（三十二） 悉殿都（三十三） 曼怛羅跋陀（三十四） 莎訶

仁王護國經

【特德】《仁王護國經》乃護國三部經之一，能摧滅七難、調和四時、護國護家。

《仁王護國經》，又名爲《仁王護國般若波羅蜜多經》，是佛陀爲波斯匿等諸大國王所說，在《白寶口抄》中說，此經與《守護國界主經》、《佛明王經》，是佛陀特地爲國王所說，能摧滅七難，調和四時，護國護家。

《仁王經》中說：「爾時世尊告波斯匿王等諸大國王，諦聽！諦聽！我爲汝等說護國法。一切國土若欲亂時，有諸災難賊來破壞，汝等諸王應當受持，讀誦此般若波羅蜜多。」

釋迦牟尼佛並告訴波斯匿王：「過去復有五千國王，常誦此經，現生獲報，汝等十六諸大國王，修護國法應當如是，受持讀誦解說此經。若未來世諸國王等，爲欲護國、護自身者，亦應如是受持讀誦解說此經。」

經中又說：「諸國土中有無量鬼神，一一復有無量眷屬，若聞是經，護汝國土。若國欲亂，鬼神先亂，鬼神亂故即萬人亂，當有賊起，百姓喪亡，國王、太子、王子、百官，互相是非，天地變怪，日月眾星失時失度，大火、大水及大風等，是諸難起皆應受持、講說此般若波羅蜜多。若於是經受持讀誦，一切所求官位富饒，男女慧解行來隨意，人天果報皆得滿足，疾疫厄難即得除愈，杻械鎖枷撿繫其身皆得解脫，破四重戒、作五逆罪，及毀諸戒、無量過咎悉得消滅。」

《仁王經》更說，未來這個世界會有七種災難產生，一切國王爲除難故，受持解說此般若波羅蜜多，七難即滅，國土安樂。

是那七種災難呢？

一者日月失度，日色改變，白色、赤色、黃色、黑色，或二、三、四、五日並照。月色改變，赤色、黃色，日月薄蝕，或有重輪，一、二、三、四、五重輪現。

二者，星辰失度，彗星、木星、火星、金星、水星、土等諸星，各各爲變或時晝出。

三者，龍火、鬼火、人火、樹火，大火四起，焚燒萬物。

四者，時節改變，寒暑不定，冬日雨雷電，夏日霜降冰雪，雨土石山及以砂礫，非時降雹，雨赤黑水，江河汎漲，流石浮山。

五者，暴風數起，昏蔽日月，發屋拔樹，飛沙走石。

六者，天地亢陽，陂池竭涸，草木枯死，百穀不成。

七者，四方賊來侵國內外，兵戈競起，百姓喪亡。

此外尚有日於白晝不現，月於夜晚不現，天種種災，無雲雨雪，地種種災，崩裂震動。或復血流，鬼神出現，鳥獸怪異。如是災難無量無邊，一一災起，皆須受持、讀誦、解說此般若波羅蜜多。

經中又說，若未來世有諸國王，建立正法護持三寶者，佛陀即令五方菩薩摩訶薩眾，前往護持其國土。

而此五方菩薩摩訶薩也宣說神咒，並誓願守護誦此陀羅尼咒者。

⊙仁王護國經息災護國的故事

在《仁王護國經》中，曾記載，往昔天羅國王，有一個太子名為斑足，在他登王位時，曾拜一外道為師，名為善施，他令斑足太子要取一千個國王的頭，來祀塚間的摩訶迦羅大黑天神，斑足太子照著做，已經取得九百九十九個國王的頭，還少一個。於是他向北行萬里，才捉到一個國王名為普明王。在普明王受死之前，他請求斑足說：「祈願你許我一日的時間，禮敬三寶，飯食沙門。」斑足允許了，於是普明王乃依過去諸佛所說教法，敷百高座，請百位法師，一日二時，講說般若波羅蜜多八千億偈。當時眾中第一法師為普明王說偈言：

劫火洞然，大千俱壞，須彌巨海，磨滅無餘，梵釋天龍，諸有情等，尚皆殄滅，何況此身？生老病死，憂悲苦惱，怨親逼迫，能與願違，愛欲結使，自作瘡疣，三界無安，國有何樂？有為不實，從因緣起，盛衰電轉，暫有即無，諸界趣生，隨業緣現，如影如響，一切皆空。識由業漂，乘四大起，無明愛縛，我我所生，識隨業遷，身即無主，應知國土，幻化亦然。

當時法師説此偈已，時普明王聞法悟解，證得空三昧，大王諸多眷屬皆得法眼空。於是普明王便依約前去天羅國，與其他九百九十九位諸王囚禁一處，於是普明王於眾中而作是言：「仁等，今者就命時到，大眾悉應誦持過去諸佛所説般若波羅蜜多偈。」諸王聞已，亦皆悟解，得空三昧各各誦持。

當時斑足王看到這種情形，感到很好奇，就問那些國王：「你們在誦何種寶法？」

普明即以上偈回答斑足王。斑足王聞是法已亦證空定，歡喜踴躍，告訴諸國王：「我爲外道邪師所誤導，並非汝等過罪，現在你們可以各自還國，當請法師解説般若波羅蜜多。」於是斑足王就將國家交給其弟，自己出家修道，證得無生法忍。

⊙仁王護國經真言

娜謨囉怛娜怛囉夜野一　娜莫阿哩夜吠路者娜野二　怛他蘖多夜囉訶諦三藐三
沒馱野四　娜莫阿哩野五　三滿多跋捺囉野六　冐地薩怛嚩野七　摩訶薩怛嚩野八
摩賀迦嚕抳迦野九　怛儞野他十　枳穰娜鉢囉儞閉十一　惡乞叉野句勢十二　鉢囉底婆娜
嚩底十三　薩嚩沒馱嚩路枳諦十四　瑜誐跋哩儞澁跛寧十五　儼避囉努囉嚩誐係十六　底哩野
特嚩十七　跛哩儞澁跛寧十八　冐地質多散惹娜儞十九　薩嚩毗曬迦毗色訖諦二十　達磨娑誐
囉三步諦二十一　阿慕伽室囉嚩儜二十二　摩賀三滿多跋捺囉步彌二十三　涅哩野諦二十四　尾野
羯囉拏二十五　跛哩鉢囉跛儞二十六　薩嚩悉馱二十七　娜麼塞訖哩諦二十八　薩嚩冐地薩怛嚩二十九
散惹娜儞三十　婆誐嚩底三十一　沒馱麼諦三十二　阿囉儞迦囉嬭三十三　阿囉拏迦囉嬭三十四　摩
賀鉢羅枳穰三十五　播囉弭諦娑嚩賀三十六

守護大千國土經

【特德】 此經乃如來為平息眾生種種災變，護持國土及佛法所宣說的速疾法門。

《守護大千國土經》（梵名 Ārya-mahā-sahasra-pramardinī）共三卷，內容敍述佛陀在王舍城鷲峰山南面佛境界大樹林時，毗耶離城爲諸鬼神所惱亂，災難競起，國土人民仰面號哭乞請加護，佛陀仍以神力集會一切諸鬼神及天龍等，演說神咒以調伏之。佛陀復至毗耶離城，示現大明王身，宣說守護大千國土大明王解脫法門，並說大明王陀羅尼，依其功德使此城盡離災難。是後，佛更說持誦陀羅尼之方法及功德，大梵王亦說護諸童子法，以終本經。本經爲五部守護經（梵 panca-rakṣā）之一，流傳於尼波羅（今之尼泊爾）地方。

本經宣說的地點在王舍城。當時世尊住王舍城鷲峰山南面佛境界大樹林中，與大苾芻眾千二百五十人俱，摩竭提國韋提希子阿闍世王，正以衣服臥具、飲食湯藥、珍玩寶物而供養佛及比丘僧。是時大地欻然震動，大雲普覆起大惡風，雷聲震吼掣電霹靂，降大雨雹周遍而霪，十方黑暗星宿隱蔽，日月不現不能照曜，日無暖氣亦無光明，城中人民驚惶恐怖。

當時世尊以淨天眼，見到毗耶離大城王及臣民，有如是等災難競起，而毗耶離內宮嬪妃婇女也爲鬼神所惱害，諸王王子及諸老幼，奴婢僕從及眷屬等，皆爲鬼神惱害惑亂，彼毗耶離大城一切人民，苾芻、苾芻尼、優婆塞、優婆夷，皆悉怕怖悶絕憧惶，身毛皆豎仰面號哭。一心歸依乞求加護。

當時索訶世界主大梵天王，及天帝釋護世四大天王，也祈求世尊以守護大千國土大明王威神之力，護持其眷屬及餘一切諸眾生，使得安樂，並以密印印於四方，及以密印印彼一切藥叉羅刹步多鬼神令彼調順，其中如果有起毒害心行，不饒益眾生者，以是大明王陀羅尼，而爲謫罰使令調順。

經中並說，此經典共有五種眷屬，所謂《守護大千國土大明王陀羅尼經》、《佛母大孔雀明王經》、《尸多林經》、《大隨求陀羅尼經》、《大威德神咒經》如是等經皆是一切如來，爲了降伏諸魔調伏難調者，平息眾生種種災變，護持佛法及一切國界的速疾法門。

【真言】

曩莫三滿跢沒馱南唵迦陵擬婆囉禰惹那　仡哩惹麼帝星賀麼禰娑誐嚕仡囉鉢囉鉢帝卑娑誐彌𩕳麼梨𩕳虎嚕冰誐梨銘賀恒賀恒賀恒賀恒賀恒素那𩕳嚩囉仡囉嚩底賀悉底𩕳嚩囉嚩底賛拏梨嚩囉顒儞曳左左囉左哩娑嚩賀

寶樓閣經法

【特德】

此經法是以釋迦如來為本尊，常為滅罪、息災及令亡者解脫而修之，能息一切怖畏、滅諸惡障，出生一切功德。

《寶樓閣經》法是以釋迦如來爲本尊，爲滅罪、息災及爲令亡者得解脫而修之法，又作大寶樓閣法、寶樓閣法。即以菩提流志所譯之《廣大寶樓閣善住祕密陀羅尼經》、不空所譯《大寶廣博樓閣善住秘密陀羅尼經》及譯者不詳之《牟梨曼陀羅咒經》等之說爲基本之修法。

在《寶樓閣經》中並說此寶樓閣經真言，能除一切病，於諸冤敵而得最勝，一切生死苦不能催逼，由此真言勢力的緣故，諸有善業，皆易成就，一切惡夢不祥之事皆得消散，一切厭禱、一切繫縛、一切煩惱，皆不能侵擾。而此護摩事業，能作息災，能獲安樂，獲得財利，設有墮諸惡見眾生，也能令其得正見。

又說，彼佛世尊往昔久遠行菩薩道時，修此陀羅尼法作如是願：一切有情生我刹土者，彼皆決定不退轉無上正等菩提，若有眾生聞此陀羅尼，受持讀誦精勤修習，憶念不捨求大成就，乃至聞名或復手觸，或佩身上或纔眼視，或書經卷或書帛素，或書牆壁。

一切眾生若有見者，五逆四重、誹謗正法、聖人，捕獵屠兒，魁膾喃婆布羯娑，盲者、聾者、瘖者、傴者，人所惡者瘂者癩者，貧窮下劣、不定業者，魔網縛者，墮邪見者，毗那夜迦觸者，惡星淩逼者，七曜害者，彼等諸人聞此陀羅尼，決定當證無上正覺，乃至傍生鹿鳥蚊虻飛蛾螻蟻，及餘類卵生、胎生、化生、溼生等諸眾生，聞此陀羅尼名者，決定證得阿耨多羅三藐三菩提。

經中又說：「彼佛世尊為一切有情演說此陀羅尼法，彼諸有情由聞此陀羅尼之故，常獲安樂，彼一切有情離諸地獄、傍生及焰魔界阿修羅身皆得解脫，諸惡趣門，悉皆關閉。開諸天門及開諸善趣，彼世界有情悉皆安住無上菩提，彼一切有情悉住慈心如水乳合。」

《白寶口抄》中並說，寶樓閣經法能對治魔障及怨敵之事：「常於清旦誦一百八遍，所求之事皆得成就，蠱毒諸毒不能為害，水不能漂，火不能燒，賊不能劫，病不能侵，無他怨怖，常無重病，亦無眼病、耳病、鼻病、舌病、口病、齒病、唇病、頭痛支節病，厭禱咒詛亦不著身。此陀羅尼威力如是，能息一切怖畏，能滅一切惡障，能生一切功德。」

此外，《白寶口抄》也提及寶樓閣經陀羅尼對一切龍眾之不可思議的功效：「若入龍池中誦此陀羅尼，一切龍眾皆來歸命，若於日前誦此陀羅尼，日天子即來現其人前，所求意願皆能與之。若有人取菖蒲根，誦此陀羅尼一千八遍，口中含之入於王宮，所有演說妃后婇女歡喜淨信，若加持胡椒含於口中，共他人語所出言辭皆信受，若加持白芥子一千八遍，擲於虛空，一切惡風雷電皆得消散。」

《白寶口抄》卷一百四十一中並說，誦此陀羅尼，並依法修持之，能降伏諸龍，去除亢旱，風調雨順。

大雲輪請雨經

【特德】 此經能除諸龍之苦，令得歡喜，而使世間風調雨順，解脫一切旱澇、飢饉妖星變怪之災。

大雲輪請雨經（梵名 Mahā-megha-sūtra），共二卷。由唐．不空譯。又作《大雲請雨經》、《大雲輪經》、《請雨經》。此經共有四種譯本。

本經主要是佛陀住在難陀塢波難陀龍王宮，吉祥摩尼寶藏大雲道場寶樓閣中，與諸大比丘、菩薩、龍王眾共聚時，應無邊莊嚴海雲威德輪蓋龍王所祈請而宣說。

經中初舉列難那、塢波難那、娑伽羅、阿那婆達多、摩那斯等百六十五龍王名，此諸龍王發心願供養尊重一切諸佛菩薩眾海。隨後，無邊莊嚴海雲威德輪蓋龍王即白佛言：「唯然，世尊，云何能使諸龍王等，滅一切苦，得受安樂？受安樂已，又令於此贍部洲時降甘雨，生長一切，樹木、叢林、藥草、苗稼皆生滋味。令贍部洲一切人等悉受快樂。」

於是佛陀便教導龍王若能成就慈行，則能除滅龍眾諸苦，具足安樂，復宣説「施一切樂陀羅尼」，謂此陀羅陀：諸龍等常須讀誦憶念受持，能滅一切諸龍苦惱與其安樂。彼諸龍等既得樂已，於贍部洲即能依時降注甘雨，使令一切樹木、叢林藥草、苗稼皆得增長。又教其應憶念受持毗盧遮那藏大雲如來、性現出雲如來、持雲雨如來等五十四如來名號。

爾時，三千大千世界主無邊莊嚴海雲威德輪蓋龍王，又啟請如來説陀羅尼句，爲令於未來末世之時，於贍部洲亢旱不降雨處，誦此陀羅尼，即當降雨；飢饉惡世多饒疾疫、非法鬥諍人民恐怖、妖星變怪災害相續，有如是等無量苦惱，以佛威神加持，皆得除滅。因此祈願世尊以大慈悲愍諸眾生，爲説陀羅尼句，警覺

請雨經曼荼羅

諸龍悉令受持，能使諸天歡喜踴躍，能摧一切諸魔遮止眾生災害逼惱，能作息災吉祥之事，能除妖星變怪，如來所說五種雨障，亦皆消滅，即令此贍部洲雨澤以時。

因此，佛陀復宣說「大悲雲生震吼奮迅勇猛幢陀羅尼」，又爲誡敕諸龍除滅五障復說陀羅尼，此諸陀羅尼悉能令諸天、龍歡喜，降雨適時，亢旱令降、滯雨令止，亦能除滅飢饉疾病，摧諸魔安隱一切有情。

依《大雲輪請雨經》與《大孔雀咒王經》等所說，爲五穀成熟而祈請降雨的修法，稱之爲請雨法，又稱爲祈雨法、雨乞法。由於此法特指依據《請雨經》而修之法，所以又稱作請雨經法，這是依據密教經軌而舉行的法門；法會乃設在泉池之畔，圍以青色幕，幕內築壇，依法舉行。此時以釋迦爲中心所畫的龍王等圖，稱爲請雨經曼荼羅。

在《大雲經祈雨壇法》中說：在露地上作一方壇，於壇中畫七寶水池，池中畫海龍王宮，於龍宮中有釋迦牟尼如來。佛右畫觀自在菩薩，佛左畫金剛手菩薩，佛前右畫三千大千世界主輪蓋龍王。佛前左畫難陀、跋難陀二龍王。於壇四方各畫一龍王。東方龍王一身三頭，量長三肘；南方龍王一身五頭，量長五肘；西方龍王一身七頭，量長七肘；北方龍王一身九頭，量長九肘，各眷屬圍繞，皆在靉靆青黑雲中。半身以下如蛇形，尾在池中，半身以上如菩薩形，皆合掌從池涌出，於壇四角安置四清水瓶。

若依法修之，必有效應。經中復說「應發願讀經所生功德迴向諸龍，願皆離諸苦難，發無上菩提心，爲一切有情降注甘雨。」

⊙施一切樂陀羅尼

怛儞也他一 馱囉抳馱囉抳二 嗢路囉抳三 鉢囉底瑟耻路四 尾惹嚩野野韈囉拏五 薩底也鉢囉底枳孃六 薩賀枳孃曩嚩底七 嗢答播娜𩕳尾嚧賀𩕳八 阿鼻灑左𩕳九 阿鼻嚩野賀囉十 輸婆嚩底十一 阿惹麼底十二 噎呬禁婆路底十三 嚩賀訶囉訖禮餉度曩十四 播跛戍馱野十五 沫皺𩕳哩賀迦達摩多十六 秫馱路迦十七 尾底銘囉賀囉惹素十八 耨佉捨麼曩十九 薩嚩母馱二十 嚩路迦曩地瑟耻帝二十一 鉢囉枳孃曩霓娑嚩賀二十二

（餘二陀羅尼，詳見大正藏第十九冊《大雲輪請雨經》）

佛說息除賊難陀羅尼經

【特德】

此經是佛陀因為阿難尊者驚怖賊人所宣說，能令誦持者心得安穩，平息一切賊難。

《佛說息除賊難陀羅尼經》爲佛陀應阿難祈請所宣說，可令誦持者心得安隱，息除賊難。

依佛典描述，當時佛正在摩伽陀國，與諸大眾圍繞經行。行到於菴羅樹園側韋提呬山帝釋巖中時，尊者阿難忽然見到有大惡賊眾，遙遠而來。阿難見已，生大恐怖，心懷憂惱，身毛皆豎。於是尊者阿難，疾往佛所。及至佛前，合掌而白佛言：「世尊，我今遙見有大惡賊，唯願世尊爲作救護。」

世尊聽聞尊者阿難的祈請後就問阿難：「汝怖賊耶？」阿難白佛言：「甚怖！世尊！」

佛陀於是慈憫地安慰阿難言：「阿難！汝勿得怖，我有陀羅尼，能除賊難。」

是時，尊者阿難聞佛語已，心生歡喜。世尊就宣說大輪結界陀羅尼曰：

怛鞥他一 阿煬路哥二 鉢囉路計三 伊該阿提鉢底四 藕哩嚩馱哩五 賛拏哩六 摩登儗七 惹虞哩八 補哥細九

且告訴阿難：「以此陀羅尼，面十二由旬，當作結界，令得安隱，息除賊難，乃至刀劍、器杖等，悉不能侵。又復能令彼諸惡賊，不離本處旋如陶家輪。又復阿難，若人遇賊難時，當用淨白線，以此陀羅尼加持七遍，結作七結，過難即解，所有賊眾皆如禁縛，不能爲難。」

由此可知「大輪結界陀羅尼」乃佛陀專爲眾生息除賊難所說。

在經典中尚有許多息除賊難刀兵劫的法門，如佛陀另說有《辟除賊害咒經》，修此法時須先禮南無佛、南無法、南無比丘僧、南無過去七佛、南無諸佛、南無諸佛弟子、南無諸師、南無諸師弟子、南無默利薛利鬼神王，禮是已，然後誦咒，令我所咒皆從如願：

北方有山名健陀摩訶術，有鬼神王名默利陰利居止。彼有四姊弟，何等爲四

：安檀尼、闍摩尼、瘖摩尼、無呵尼。安檀尼，令賊目盲；無訶尼，令賊住、瘖摩尼，令賊坐；無呵尼，令賊愚癡；癡如是，漚羅利．無羅利．壇抵遮．波頭摩遮迦利．當使賊，口齒噤，至解縷，乃得脱。

說如是咒已，便言我為某甲若干人等，作擁護辟邪害，皆令得安隱。始諷誦是經時，當用月二十九日，於佛前然七燈、燒香散花說是咒七過，並咒願默利羅鬼神王，使得福德，亦為燃燈、燒香、散花；復為鬼子母然七燈、燒香、散花，亦當說是經七過，後咒乃告當如是語，即可從如願。

此外，在《白寶口抄》（咒賊經法）中亦舉有多種辟除賊害及縛賊咒，能平息一切賊難。

光明眞言經

【特德】

光明真言法為求滅罪、除病、息災而修，其光明能遍照眾生界，破除一切煩惱，其功德能破碎地獄，開顯菩提之道。

《光明真言經》，全稱爲《不空羂索毗盧遮那佛大灌頂光真言經》，唐．不空譯，略稱作《光明真言經》，別出自《不空羂索經》二十八〈灌頂真言成就品〉。其中所舉光明真言係密教陀羅尼之一，爲大日如來之真言、一切諸佛菩薩之總咒。又名不空大灌頂光真言、大灌頂光真言，略稱光言。

據《光明真言經》中記載：「若有眾生隨處得聞此大灌頂光真言，二三七遍經耳根者，即得除滅一切罪障。若諸眾生具造十惡五逆四重諸罪，猶如微塵滿斯世界，身壞命終墮諸惡道，以是真言加持土沙一百八遍，尸陀林中散亡者屍骸上，或散墓上，遇皆散之。彼所亡者，若地獄中，若餓鬼中，若修羅中，若傍生中

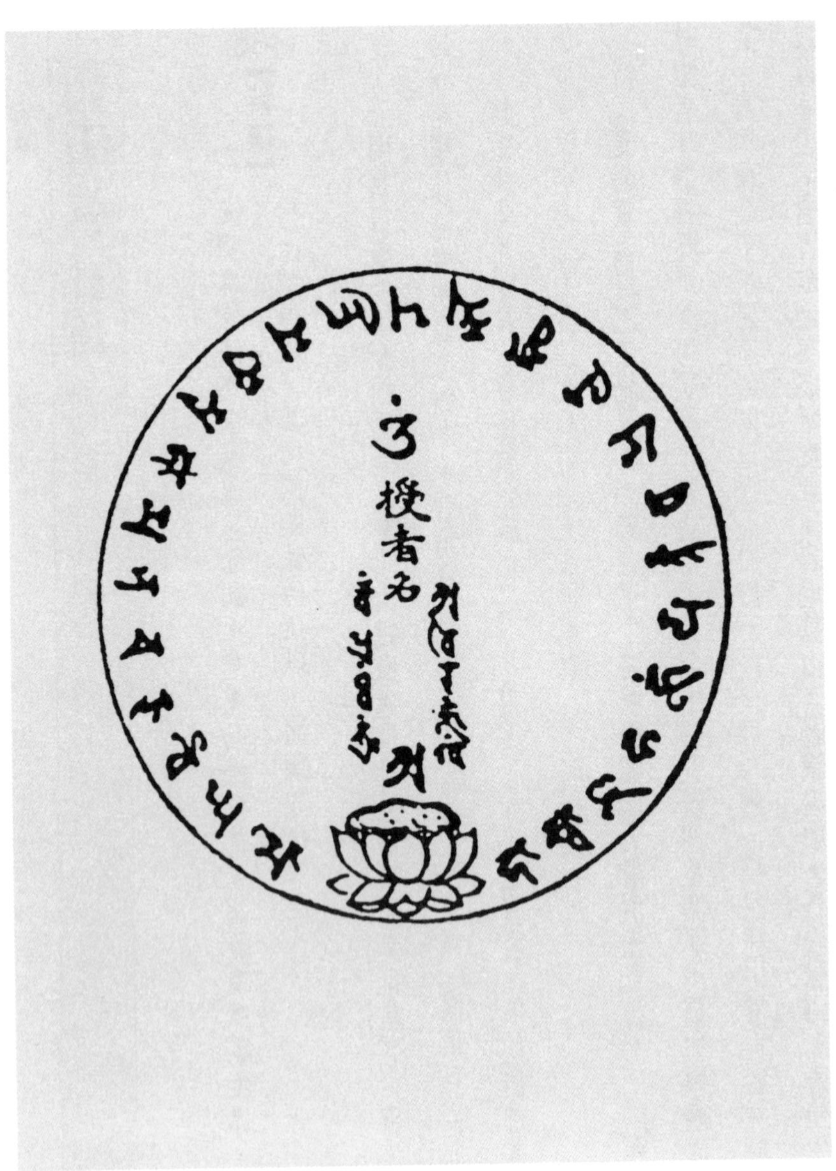

光明真言咒輪

，以一切不空如來不空毗盧遮那如來真實本願大灌頂光真言神通威力，加持沙土之力，應時即得光明及身除諸罪報，捨所苦身，往於西方極樂國土，蓮華化生乃至菩提更不墮落。」另外，亦能除滅現世病障、鬼嬈、眼病、毒蟲之害等。可見其功德之殊勝與不可思議。

此陀羅尼流傳甚早，如新羅．元曉《遊心安樂道》及契丹．道殿《顯密圓通成佛心要集》皆有引用。在日本，自明慧上人（高牟）依據《光明真言加持土沙義》，宣揚光明真言信仰以來，真言、天台及其他諸宗常於施餓鬼會與日常法會中念誦。甚至塔婆亦有刻記，迄今仍然盛行。

關於此真此之本尊，異說紛紜。或有說為大日，或有說為阿彌陀佛，而在《覺禪鈔》中或言不空羂索觀音為本尊等。

又，依此法儀軌以修之密法，謂之為「光明真言法」，此法主滅罪、除病、息災，尤其是滅罪所修。如依此法加持土沙散佈於亡者墓上，則稱為「土沙加持作法」。

以光明真言之每一梵字順時針排列成字輪之曼荼羅，稱為「光明真言曼荼羅」或「光明真此破地獄曼荼羅」，乃取光明真言一字所放之光明，遍照眾生界，破無明煩惱黑暗之意。此曼荼羅中央，除書有僧名外，尚有胎藏大日之五字真言，此五字爲大日如來之心咒，圓形字輪之光明真言，則爲大日如來之大咒。另有阿字（大日如來之心中咒），及金剛界大日、隨求、滅惡趣、一字金輪等之種子，書寫於字輪中間。此曼荼羅爲生死出離之大秘法，與惡罪頓滅之大神咒，由其功德可破碎地獄門，開顯菩提之道。

⊙光明真言

唵① 阿謨伽② 尾盧左曩③ 摩訶母捺囉④ 麼抳⑤ 鉢頭麼⑥ 入嚩攞⑦ 鉢囉韈哆野⑧ 吽⑨

[illegible]① [illegible]② [illegible]③ [illegible]④ [illegible]⑤ [illegible]⑥ [illegible]⑦ [illegible]⑧ [illegible]⑨

歸命① 不空② 大日遍照③ 大印④ 寶珠⑤ 蓮華⑥ 光明⑦ 發生、轉⑧ 金剛不壞⑨

全句詳釋爲：「由彼大日如來之不空真實大印，衍生寶珠、蓮華、光明等功德，以如來大威神力，照破無明煩惱，轉地獄之苦，令生於淨土。」

全佛文化事業有限公司　出版目錄

產 品 目 錄	定價	備註
<密乘心要>　$1600/套		
殊勝的成佛之道-龍欽心髓導引	$250	
大圓滿之門-秋吉林巴新巖藏法	$350	
如是我聞-來自西藏法音	$320	
佛所行處-道果心印加持法	$180	
大手印教言-摧動空行心弦	$180	
密宗年鑑	$320	
<佛經修持法>		
佛經修持法（上冊）【修訂版】	$360	
佛經修持法（中冊）【修訂版】	$360	
佛經修持法（下冊）【修訂版】	$360	
<淨土修持法>		
淨土修持法1-蓮華藏淨土與極樂世界	$350	
淨土修持法2-諸佛的淨土	$390	
淨土修持法3-菩薩的淨土	$390	
<蓮花生大士全傳>　$1600/套		
第一部 蓮花王	$320	
第二部 師子吼聲	$320	
第三部 桑耶大師	$320	
第四部 廣大圓滿	$320	
第五部 無死虹身	$320	
蓮花生大士祈請文集	$280	
<高階禪觀講座>		
通明禪禪觀---迅疾開啓六通三明的禪法	$200	
十種遍一切處禪觀--使心量廣大週遍法界的禪法	$280	
四諦十六行禪觀---現觀四諦修證十六正行的禪法	$350	
大悲如幻三昧禪觀---大悲示現菩薩如幻	$380	
三三昧禪觀--證入空、無相、無願三解脫門的禪法	$260	
圓覺經二十五輪三昧禪觀—境界的禪法二十五種如來圓覺	$400	

<佛經講座系列>		
本源自性天真佛---永嘉證道歌心解	$260	
<佛菩薩經典系列>　$2600/套		
1.阿彌陀佛經典	$350	
2.藥師佛.阿閦佛經典	$220	
3.普賢菩薩經典	$180	
4.文殊菩薩經典	$260	
5.觀音菩薩經典	$220	
6.地藏菩薩經典	$260	
7.彌勒菩薩經典.常啼菩薩經典	$250	
8.維摩詰菩薩經典	$250	
9.虛空藏菩薩經典	$350	
10.無盡意菩薩.無所有菩薩經典	$260	
<三昧禪法經典>　$2400/套		
1.念佛三昧經典	$260	
2.般舟三昧經典	$220	
3.觀佛三昧海經典	$220	
4.如幻三昧經典	$250	
5.月燈三昧經典	$260	
6.寶如來三昧經典	$250	
7.如來智印三昧經典	$180	
8.法華三昧經典	$260	
9.坐禪三昧經典	$250	
10.修行道地經典	$250	
<佛法常行經典>　$2400/套		
1.妙法蓮華經・無量義經	$260	
2.悲華經	$260	
3.大乘本生心地經・勝鬘經・如來藏經	$200	
4.小品般若波羅蜜經	$220	
5.金光明經・金光明最勝王經	$280	
6.楞伽經・入楞伽經	$360	
7.楞嚴經	$200	

8.解深密經・大乘密嚴經	$200	
9.大日經	$220	
10.金剛頂經・金剛頂瑜伽念誦經	$200	
<隨身佛典>（50開本・附盒裝）		
1.華嚴經（1～10冊）/套	$1600	
2.中阿含經（1～8冊）/套	$1200	
3.雜阿含經（1～8冊）/套	$1200	
4.增一阿含經（1～7冊）/套	$1050	
5.長阿含經（1～4冊）/套	$600	
<佛經修持法>隨身版　$1770/套		
1.如何修持佛經	$80	
2.如何修持般若心經	$80	
3.如何修持金剛經	$90	
4.如何修持六祖壇經	$80	
5.如何修持法華經	$110	
6.如何修持華嚴經	$110	
7.如何修持楞嚴經	$110	
8.如何修持圓覺經	$90	
9.如何修持阿彌陀經	$90	
10.如何修持藥師經	$90	
11.如何修持大悲心陀羅尼經	$90	
12.如何修持地藏經	$80	
13.如何修持觀無量壽經	$90	
14.如何修持無量壽經	$90	
15.如何修持阿閦佛國經	$80	
16.如何修持維摩詰經	$110	
17.如何修持大日經	$110	
18.如何修持觀普賢菩薩行法經	$110	
19.如何修持彌勒菩薩所問本願經	$80	
<談錫永作品>		
1.閒話密宗	$200	
2.西藏密宗占卜法(附占卜卡、骰子)	$450	

3.細說輪迴生死書(上)	$200	
4.細說輪迴生死書(下)	$200	
5.西藏密宗百問	$250	
6.觀世音與大悲咒	$220	
7.佛家名相	$220	
8.密宗名相	$220	
9.佛家宗派	$220	
10.佛家經論--見修法鬘	$180	
<佛家經論導讀叢書>		
1.雜阿含經導讀	$450	
2.異部宗輪論導讀	$240	
3.大乘成業論導讀	$240	
4.解深密經導讀	$320	
5.阿彌陀經導讀	$320	
6.唯識三十頌導讀	$450	
7.唯識二十論導讀	$300	
8.小品般若經論對讀(上)	$400	
9.小品般若經論對讀(下)	$420	
10.金剛經導讀	$220	
11.心經導讀	$160	
12.中論導讀(上)	$420	
13.中論導讀(下)	$380	
14.楞伽經導讀	$400	
15.法華經導讀(上)	$220	
16.法華經導讀(下)	$240	
17.十地經導讀	$350	
18.大般涅槃經導讀(上)	$280	
19.大般涅槃經導讀(下)	$280	
20.維摩詰經導讀	$220	
21.菩提道次第略論導讀	$450	
22.密續部總建立廣釋導讀	$280	
23.四法寶鬘導讀	$200	

24.因明入正理論導讀(上)	$240	
25.因明入正理論導讀(下)	$200	
<寧瑪派叢書>		
1.寶性論新譯	$360	
2.大圓滿心性休息導引	$360	
3.九乘次第論集	$490	
4.大圓滿深慧心髓前行	$520	
5.敦珠新寶藏前行讚頌	$360	
6.寧瑪派次第禪	$420	
7.大中觀論集(上)	$420	
8.大中觀論集(下)	$420	
<白話小說>		
1.阿彌陀佛大傳(上)-慈悲蓮華	$320	
2.阿彌陀佛大傳(中)-智慧寶海	$320	
3.阿彌陀佛大傳(下)-極樂世界	$320	
4.地藏菩薩大傳	$360	
5.大空顛狂—濟公禪師大傳(上)	$320	
6.大空顛狂—濟公禪師大傳(下)	$350	
<心靈活泉>		
1.慈心觀	$200	
2.拙火瑜伽	$280	
3.不動明王	$280	
4.準提菩薩	$250	
5.孔雀明王	$260	
6.愛染明王	$260	
7.大白傘蓋佛母息災護佑行法	$295	
8.月輪觀	$240	
9.阿字觀	$240	
10.五輪塔觀	$300	
11.五相成身觀	$320	
12.四大天王	$280	
13.穢積金剛	$290	

<佛教小百科>		
1.佛菩薩的圖像解說(一)	$320	
2.佛菩薩的圖像解說(二)	$280	
3.密教曼荼羅圖典—總論	$240	
4.密教曼荼羅圖典—胎藏界(二)(上)	$300	
5.密教曼荼羅圖典—胎藏界(二)(中)	$350	
6.密教曼荼羅圖典—胎藏界(二)(下)	$420	
7.密教曼荼羅圖典—金剛界(三)(上)	$260	
8.密教曼荼羅圖典—金剛界(三)(下)	$260	
9.佛教的真言咒語	$330	
10.天龍八部	$350	
11.觀音寶典	$320	
12.財寶本尊與財神	$350	
13.消災增福本尊	$320	
14.長壽延命本尊	$280	
〈李潤生作品〉		
1.佛家輪迴理論(上)	$360	
2.佛家輪迴理論(下)	$390	
3.山齋絮語—佛教生活小品	$390	
〈密宗叢書〉		
1.密宗修行要旨	$430	
2.密宗的源流	$240	
3.密宗成佛心要	$240	
錄音帶系列—		
〈西藏法音系列—錄音帶〉		
1.六字大明咒-蓮華寶鬘	$120	
2.百字明咒-清淨懺悔	$120	
3.綠度母心咒-大悲救度	$120	
4.文殊菩薩心咒-智慧如劍	$120	
5.財寶天王咒-財寶圓具	$120	
6.摧破金剛心咒-除障無礙	$120	
7-1.蓮花生大士心咒-廣大圓滿	$120	

-----(德澤仁波切誦)		
7-2.蓮花生大士心咒-廣大圓滿	$120	
8-1～3.蓮花生大士祈請文(一)～(三) (德澤仁波切誦)	$360	
<禪修系列-錄音帶>		
睡夢禪法-吉祥安睡.夢幻光明	$120	
放鬆禪法-壓力解除.光明三昧	$120	
<有聲書系列>		
西藏密宗外相的內在意義	$280	

全套購書85折　單冊購書9折（郵購請加掛號郵資60元）

全佛文化事業有限公司

Buddhall Cultural Enterprise Co.,LTD.

台北市松江路69巷10號5樓

TEL:(02)2508-1731　FAX:(02)2508-1733

郵政劃撥帳號:19203747　全佛文化事業有限公司

佛教小百科⑬

消災增福本尊

編者／全佛編輯部
發行人／黃瑩娟
執行編輯／蕭婉珍　劉婉玲　吳美蓮
出版者／全佛文化事業有限公司
台北市松江路69巷10號5F
永久信箱／台北郵政26-341號信箱
電話／(02) 25081731　傳真／(02) 25081733
郵政劃撥／19203747　全佛文化事業有限公司
E-mail／buddhall@ms7.hinet.net

行銷代理／紅螞蟻圖書有限公司
台北市內湖區文德路210巷30弄25號
電話／(02) 27999490　傳真／(02) 27995284

初版／2000 年 5 月
初版二刷／2010 年 6 月
定價／新台幣 320 元

國家圖書館出版品預行編目資料

消災增福本尊／全佛編輯部主編．
--初版．--臺北市：全佛文化，2000[民89]
面；　　公分．--（佛教小百科：13）
ISBN 957-8254-79-2（平裝）

1. 菩薩　2. 佛教－修持

229.2　　89005740